Cornelia Pieper (Hg.)
Mit deinem Segen unterwegs

Mit deinem Segen unterwegs

Geschichten zur Erstkommunion

Herausgegeben von Cornelia Pieper

Mit Illustrationen von Astrid Leson

Verlag Butzon & Bercker Kevelaer

Bibliografische Informationen Der Deutschen Bibliothek

Die Deutsche Bibliothek verzeichnet diese Publikation in der Deutschen Nationalbibliografie; detaillierte bibliografische Daten sind im Internet über http://dnb.ddb.de abrufbar.

verlags gruppe engagement

Das Gesamtprogramm
von Butzon & Bercker
finden Sie im Internet
unter www.bube.de

ISBN 3-7666-0553-4

Umschlaggestaltung: Astrid Leson, Münster
Satz: Kontext, Lemsel
Druck und Bindearbeiten:
Koninklijke Wöhrmann B. V., Zutphen (NL)

Ein Wort zuvor

Liebes Mädchen, lieber Junge,

in deinen Händen hältst du gerade ein Geschichtenbuch. Vielleicht hast du es zur Erstkommunion geschenkt bekommen, vielleicht auch schon vorher. Oder du hast es dir ausgeliehen, um ein bisschen darin zu stöbern: von deinem Bruder oder deiner Schwester oder von einem guten Freund.

Wenn du nun anfängst darin zu lesen, wird dir bestimmt manches bekannt vorkommen. Denn die meisten Geschichten könnten genau so gut in deinem eigenen Leben passieren. Sie erzählen von Kindern, wie du eines bist, von Kindern, die in ihrer Familie und mit ihren Freunden, in der Schule oder in den Ferien eine Menge erleben. Manche Geschichten erzählen auch von Erstkommunionkindern, von ihren Vorbereitungen auf den großen Tag oder davon, was sie an dem Tag erlebt haben.

Vorn auf dem Buch siehst du ein Schiff. Das ist kein Zufall, denn ein Schiff hat mit deinem Leben mehr zu tun, als du vielleicht denkst. Dafür brauchst du kein Kapitän und auch kein Matrose zu sein. Das Schiff ist auf hoher See unterwegs. Dabei wird es manchmal vom Wind getragen, aber manchmal bläst der Wind auch so stark, dass es ordentlich schwankt und Mühe hat, voranzukommen. Zum Glück ist dann nicht nur ein einsamer Mensch auf dem Schiff, sondern da sind gleich mehrere, die alle miteinander dafür sorgen können, dass das Schiff sein Ziel erreicht. Wenn das Schiff schon lange unterwegs ist, ist oft gar kein Land mehr in Sicht. Aber die Seeleute wissen trotzdem, in welche Richtung sie fahren müssen. Sie richten sich nach der Sonne und nach den Himmelsrichtungen und weil sie wissen, wo ihr Ziel liegt, kommen sie auch an.

Dein eigenes Leben kann wie so ein Schiff sein: Es passiert so viel, dass du manchmal das Gefühl hast, auf hoher See von den Wellen hin und her geschaukelt zu werden. Dann kannst du froh sein, dass du nicht allein bist, sondern deine Eltern um dich herum hast und vielleicht Geschwister. Und deine Freunde. Oft gelingt dir aber auch alles ganz leicht, das Leben macht dir Freude und es sind gar keine Schwierigkeiten in Sicht. Das ist genauso wie das Schiff, das vom sanften Wind getragen wird. Dann freust nicht nur du dich, sondern auch alle, die mit in deinem „Lebensboot" sitzen. Wichtig ist, dass du nie die Orientierung verlierst, dass du immer weißt, was wichtig ist und welche Richtung du in deinem Leben einschlagen musst. Gott gibt dir die Richtung vor, in die dein Leben gehen soll, denn wenn du dich nach ihm richtest und nach dem, was Jesus den Menschen für ihr Leben aufgetragen hat, dann kann nichts schief gehen. Nur, denkst du vielleicht, siehst du ja Gott genauso wenig wie ein Seemann das Land, wenn er auf hoher See ist. Das stimmt. Aber du kannst dich trotzdem an ihm orientieren.

Denn er hat dazu den Menschen nicht nur die Heilige Schrift gegeben, sondern jedem Menschen viele andere zur Seite gestellt, die dir helfen können, nach ihm zu suchen.

Die Geschichten in diesem Buch erzählen nicht von Matrosen und Abenteuern auf hoher See. Sie erzählen vom Leben vieler Menschen, die alle wie du mit ihrem eigenen Schiff durch ihr Leben fahren und dabei eine Menge erleben. Mit ihren Freunden, ihren Familien und mit Gott.

Viel Freude beim Lesen!

Inhalt

Rund um die Welt

Spaß in der Familie

Freunde sind Klasse

Abenteuer Kommunion

Rund um die Welt

Ein echter Indianer

Jedes Jahr im September oder Oktober kommt Louis bei uns vorbei – ich weiß nicht mehr, wie lange schon. Er ist ein Stromer, ein Vagabund, Landstreicher, Penner oder wie man das nennen mag. Das ständige Herumstrolchen über Straßen und Wege sieht man ihm an: Seine Schuhe, immer faltige schwarze Schnürstiefel, sind staubig und abgewetzt, die Hosen ausgebeult, die geflickte Jacke zipfelig und schmierig, das offene karierte Hemd in nur noch unbestimmbaren Farben, Wangen und Kinn mit eisgrauen Haarstoppeln übersät und sein Hut ein schiefes, verwittertes Gebilde, dazu ein verblichener schlaffer Rucksack, aus dem ein alter Regenschirm ragt. Zwar schenkt man ihm hier und da neue Wäsche, neue Klamotten und sogar einen Mantel, doch irgendwie sieht bei ihm nach einiger Zeit alles wieder alt aus. Auch er selbst sah von Anfang an wie ein alter Mann aus, der sich müde gelatscht hat und dennoch keine Ruhe findet. Manchen Leuten flößt einer wie Louis Angst ein. Wer solche Gestalten sieht, denkt an Bettelei, an Diebstahl, Einbruch, Raub und Entführung und ähnliche Schandtaten. Mag ja sein, dass manche Stromer stehlen, um ihren immer knurrenden Magen zu beschwichtigen. Mag sein, dass sogar Louis hier und da an seinen langen Wanderwegen etwas mitgehen ließ – bei uns jedenfalls nicht.

Eines Tages stand er am Gartentor und fragte, ob er sich mit irgendwelcher kurzfristigen Arbeit ein wenig Geld

verdienen dürfe. Der Zaun hatte es nötig, gestrichen zu werden; Holz musste gehackt werden für den Kamin; einige Beete im Garten sollten längst gerichtet sein! Louis blieb vier Tage, um das alles zu erledigen. Nachts schlief er auf einer Luftmatratze in der Garage unter allerlei alten Decken. Seine Mahlzeiten nahm er in der Küche ein. Und dabei, vor allem bei der geliebten Tasse heißen Kaffee, entpuppte sich Louis vor unsern begierig lauschenden Ohren als ein wahrer Meistererzähler, wie man sie in früheren Zeiten auf orientalischen Märkten gefunden haben mag. Er hatte auf seiner Wanderschaft geerntet und nochmals geerntet: hunderte Geschichten von Menschen! Irgendwann stellte er sich uns auch vor: „Louis Barnabasch, mit 0-U-I bitte! Und falls mein Name Ihnen fremdartig vorkommt – kein Wunder. Es hieß, meine Großmutter sei eine Zigeunerin gewesen. Ich selber glaube es gern."
Das war auch das Einzige, was Louis in all den Jahren seiner Besuche von seinem eigenen Leben verriet. Sonst nur von fremden Schicksalen, die seine Wege gekreuzt hatten, und das waren nicht wenige gewesen. Mit der Zeit warteten wir geradezu auf ihn, wenn der Phlox verblühte, die späten Astern den Garten noch einmal bunt färbten und das Laub an den Bäumen zu gilben begann. Schon Mitte September! Hat jemand Louis gesehen?
Die Kinder trieben sich am Zaun herum und das Gartentor stand seit Tagen halb offen. Natürlich lag in der Garage längst die Luftmatratze bereit samt Decken und beim Wasserhahn Handtücher und die große Blechschüssel für Louis' Morgen- oder Abendtoilette.

Auch für Vorrat an Kaffee war reichlich gesorgt. Kaffee war wichtig, um Louis' Erinnerungen zu wecken und seine Redseligkeit in Gang zu halten. Natürlich wartete auch Arbeit auf ihn: die verwilderten Gemüsebeete, der ungeschnittene Rasen, der wuchernde Efeu ums Haus, einige Fahrradreparaturen. Jedes Jahr verrichtete Louis eine Menge nützlicher Dinge bei uns und zog nie mit leeren Taschen weiter. Aber es schien, dass Louis allmählich viel wichtiger für die Unterhaltung der Kinder geworden war als für die Arbeit.

Als er endlich auftauchte, wurde er wie ein lieber Großpapa mit Jubel empfangen. Dabei brachte er auch diesmal nichts weiter mit als seinen Hunger und seine hundert Geschichten. Doch zuerst einmal mussten ihm fast ebenso viele Neuigkeiten mitgeteilt werden: „Louis,

der Dackel hat im Juli Junge gekriegt, sechs Stück! Nur eins ist noch da. Willst du es haben? Wir haben es für alle Fälle für dich aufgehoben, musst es aber nicht nehmen! Der junge Birnbaum, den du vor vier Jahren gepflanzt hast, ist im Winter erfroren. Aber die Schattenmorellen trugen zum ersten Mal und Klaus hat ein neues Fahrrad gekriegt und …" Und … und … und …
Den ersten Tag brauchte Louis, um mit den Neuigkeiten fertig zu werden. Am zweiten dann umriss er während der Arbeitspausen flüchtig die Begegnungen, die ihm das letzte Jahr eingebracht hatte. Ausführlich erzählte Louis nie die neuesten und jüngsten Geschichten. Er brauchte Zeit, bis er alles Gesehene und Gehörte in seinem Kopf verarbeitet, in seinem Gedächtnis eingeräumt hatte. So hörten wir kaum einmal ausführlich seine frischesten Erlebnisse, sondern – wie er selbst es nannte – „zunächst die älteren Jahrgänge".
Die Kinder vergaßen nichts: „Louis, als du im vorigen Oktober weiterzogst, hast du versprochen, uns diesmal die Geschichte von dem Indianer zu erzählen!"
„Von dem echten Indianer", sagte Louis und nickte schwermütig über seiner extra großen Kaffeetasse, „denn es war wirklich ein echter Indianer."
„Was war mit ihm? Wo hast du ihn gesehen? Und wann?"
Louis musste erst die Tasse leeren. Die Kinder gossen sie sofort wieder voll und schoben das Milchkännchen und die Zuckerdose über den Küchentisch.
„Nimm, Louis. Und erzähl endlich!"
„Oh, das war wohl vor bald über vierzig Jahren, ich noch ein junger Spund mit heilen Schuhen. Aber es

könnte genauso gut heute noch passieren. Ich weiß sogar noch wo: in einem Städtchen an der Ostseeküste. Kein Hafen, nein, in einem Hafen wäre einer wie Timortom nicht weiter aufgefallen."
„War Timortom der Indianer?"
Louis nickte und schlürfte seinen geliebten Kaffee: „Jedenfalls nannte man ihn so, denn fragte man ihn: What's your name? Wie heißt du?, antwortete er: Tim or Tom. Also wusste er selber nicht seinen richtigen Namen. Tim or Tom! Das sagte er so schnell, dass es sich wie ein einziges Wort anhörte. Also nannten alle in der Herberge ihn Timortom. Es war eine Herberge für heimatloses Volk, für solche, wie ich einer bin – ihr wisst schon. Kein feines Hotel, nein, ein Asyl, um das sich die Pfarrer kümmerten und die Heilsarmee und alle möglichen wohltätigen Einrichtungen. Ist schon wichtig, sowas. Für ein Weilchen hat man da ein Dach über dem Kopf, kriegt was zu essen und ist unter seinesgleichen: unter echten Landstreichern und falschen Herumtreibern, unter Heimatlosen, Ausgestoßenen. Aber bitte, einer wie ich will es nicht anders, einer wie ich erblickt in solchem Leben seine Freiheit, mögt ihr euch Freiheit auch anders vorstellen. Einer wie ich fühlt sich weder ausgestoßen noch heimatlos. Aber Timortom: Der war beides.
Die Herberge lag am Ende einer breiten, langen, mit rumpligen Kopfsteinen gepflasterten Straße. Schöne Linden standen in der Straße, und in ihren alten, bunten Fachwerk- und Ziegelhäusern wohnten brave Bürger. Die Herberge stand ganz hinten, gleich bei der Stadtmauer, ein großer alter Steinkasten mit vielen

Fenstern, einem torartigen Eingang, der immer finster war und von dem aus nicht nur eine Tür in den Schankraum führte, sondern auch gleich weiter zum Hof, eine Durchfahrt also. Im Hof waren verwitterte Steinplatten mit Unkraut dazwischen, ein Brunnen, zwei kümmerliche Apfelbäume, Mülltonnen, ein paar wacklige Bänke an den Mauern und an klaren Sommertagen brütende Sonne, dass man sich hier vorkam wie am Äquator. Da saß eines Tages, ich war selber gerade erst angekommen, der Indianer auf den Steinen, kauerte an der Mauer, in seine Decke gehüllt, so reglos und schmutzig wie selber ein Mülleimer, mit glasigen, schwarzen Augen.
Ich sah ihn, als ich durch das finstere Hoftor in den Hof humpelte. Meine noch nicht abgenutzten Füße waren wund von heißen, staubigen Wegen, ich wollte sie am Brunnen kühlen. Sofort merkte ich, dass das keiner von unserer Art und Farbe war – allein wie er da hockte. Das sah aus wie auf Bildern, wie man sie von Mexiko sieht, und es machte mich neugierig, sodass ich vor ihm stehenblieb und ihn grüßte. Nichts in seinem Gesicht veränderte sich.
Das könnte, überlegte ich mir, ein Eskimo sein oder ein Tibeter. Ich kam gar nicht gleich auf einen Indianer. Das erfuhr ich erst, nachdem ich neben ihm in der brütenden Sonne gehockt und nicht nachgelassen hatte, ihn mit Fragen zu durchbohren. Ich riet zuerst einfach: Eskimo? Er zuckte die Achseln. Tibeter? Sibirier? Er schüttelte den Kopf. Red man, Rothaut? Indianer? Er nickte. Da wusste ich es also.
Und merkte auch, dass er getrunken hatte und nicht ganz klar im Kopf und zu keinem langen Gespräch aufge-

legt war. Außerdem konnte er nur wenig Deutsch sprechen. Eins allerdings entging mir trotz all seiner Mundfaulheit nicht: dass er traurig war, ach, nicht nur traurig, dass er litt, sich quälte, zu Tode betrübt, dass er dahockte, als wartete er darauf, von der Sonne getötet zu werden, erstochen, verbrannt. Ein Jammer, dachte ich mir und nahm mir vor, ihn im Auge zu behalten, mich um ihn zu kümmern, so gut es ging.
Zunächst musste ich mich um mich selber kümmern, das ist ja immer so. Seit Tagen war ich marschiert, hatte ungemütliche Gewitternächte in Strohschobern, Getreidefeldern und Sanddünen hinter mir.
Ich lechzte nach belebendem Kaffee und einem halbwegs menschenwürdigen Nachtquartier. Außerdem waren meine Taschen leer.
Schon damals habe ich immer mit kleinen Gelegenheitsarbeiten das bisschen Geld verdient, das ich zum Leben brauche. Also humpelte ich in der Herbergsstraße von Tür zu Tür und fragte bei den Leuten nach Arbeit. Ich will ja arbeiten. Aber mach das mal einem klar, der in dir nur den stinkfaulen Penner sieht, der Geld zum Versaufen will. Manche schenkten mir ein Almosen, ohne Gegenleistung zu fordern. Andere hatten etwas zu tun für mich. Natürlich schlugen mir auch viele die Tür vor der Nase zu. Und im Nu hingen die Kinder der Straße an meinen Fersen, die mich kannten, wie ihr mich heute kennt, und die Geschichten hören wollten. Ja, und da hatte ich nun doch eine wirklich prachtvolle Neuigkeit für sie: Kinder, in die Herberge ist ein Indianer eingekehrt!
Ein echter Indianer?

Ein durch und durch echter Indianer!
Ihr könnt euch nicht vorstellen, wie das die Kinder traf. Das Geschnatter! Das Gejohle! So viele Fragen auf einen Schlag sind mir in meinem ganzen Leben nicht gestellt worden: Ist er ein Krieger? Ein Büffeljäger? Ein Waldläufer? Ein Fährtensucher? Vielleicht sogar ein Häuptling? Hat er einen Federschmuck im Haar? Raucht er eine geschnitzte Friedenspfeife? Schleicht er in echten Mokassins? Sind Lederfransen an seinen Hosen? Hat er eine Kriegsbemalung im Gesicht? Augen wie ein Adler? Ohren wie ein Luchs? Muskeln wie ein Bär?
Ich kam überhaupt nicht dazu, irgendetwas zu beantworten. Es ist unfasslich, was Kinder alles aus Büchern und Fernsehen und Kino über Indianer wissen! Oder sich einbilden. Ein Indianer ist in ihren Augen etwas Außergewöhnliches, etwas ganz Fantastisches, ein Vorbild für alle schwierigen Lebenslagen, ein Idol. Ich hatte mir das vorher nicht überlegt. Ich wollte ihnen ja bloß eine sensationelle Mitteilung bieten, als ich verriet, dass ein Indianer in der Herberge wäre. Bei ihren Fragen erst dämmerte mir, was ich angerichtet haben mochte.
Natürlich dachte niemand an einen schäbigen Indianer wie Timortom. Das sollte ich noch viel deutlicher erkennen, als sie sofort die Köpfe zusammensteckten und schnatterten und berieten, wie sie den Indianer erobern könnten. Ich sage extra, dass sie ihn erobern und nicht bloß sehen wollten. Sie wollten einmal, einmal nur im Leben von einem echten Indianer bemerkt, zur Kenntnis genommen, beachtet, ja, möglicherweise anerkannt

werden. Das war doch was: das Herz eines Indianers erobern! Wieder fingen sie an zu fragen: Wie kommt er hierher?
Na ja, meinte ich, wie kommt ein Indianer in ein Kaff an der Ostseeküste? Vielleicht war er mit einem Zirkus unterwegs und ist ausgerissen oder verloren gegangen? Kann ja nicht mal unsere Sprache!
Und wie er heißt, wollten sie wissen. Timortom. Timortom?
Damit konnten sie nichts anfangen. Nein, sagten sie, wir werden ihn Häuptling Schweifender Stern nennen, und wir werden uns jetzt für ihn zurechtmachen. Wir ziehen uns unsern Indianerputz an, stecken uns bunte Federn ins Haar, holen unsere Spielzeugcolts und Kriegsbeile, Pfeile und Bogen und färben uns die Gesichter. Dann schleichen wir im Indianermarsch in die Herberge und ernennen ihn zu unserm Ehrenhäuptling, rauchen mit ihm die Friedenspfeife – mit einem echten Indianer! – und er soll uns von seinen Abenteuern in der Prärie erzählen und von welchem Stamm er ist und … Und schon stoben sie auseinander, um alles vorzubereiten.
Hach, ihr dürft es mir glauben – ich schwitzte! Nicht wegen der Sonne und der Gewitterschwüle. Ich schwitzte, weil ich mir wie ein verdammter Lügner vorkam, ich schwitzte vor Angst um Timortom und um die Kinder. Da hatte ich gesagt, es sei ein echter Indianer in der Herberge, ich Narr! Wusste ich denn nicht mehr, dass einer mit ganz bestimmten Worten ganz bestimmte Bilder beschwört?
Sagt dir zum Beispiel einer: Schiffskapitän.

Na? Na? Denkst du nicht sofort an das Meer und endlose Horizonte, an Abenteuer unter Palmen und auf stürmischer See, an einen Sack voll Seemannsgarn, an eine schmucke Uniform, kühne helle Augen und ein verwegenes, braunes Gesicht?
Und wenn einer sagt: Indianer.
Denkst du nicht dasselbe wie die Kinder in der Herbergsstraße? Die Menschen kleben an Vorstellungen, die sie irgendwo aufgeschnappt haben – aus einem Buch, einem Film, was weiß ich, woher! Aber dass hinter einem bunten, klingenden Wort eine armselige Kreatur stecken könnte, die empfindlich ist …?
Na, lasst mich berichten, was nun geschah.
Ich hätte vielleicht sofort zur Herberge umkehren und Timortom auf irgendeine Weise verstecken sollen, notfalls in einer Mülltonne. Das hätte ihn sicher weniger gequält als der Auftritt der Kinder. – Ich kam um Minuten zu spät. Gerade als ich wieder den Hof der Herberge betreten hatte, sah ich sie schon im Gänsemarsch durch den finsteren Torbogen anschleichen. Ihr dürft mir glauben, sie sahen wirklich ziemlich echt aus – eins wie das andere wie ein kleiner Indianer mit Federn im Haar, bunten Kreisen und Zickzacklinien in den Gesichtern, mit gefransten Sackhosen, mit Kriegsbeilen, Pistolen, Pfeilen und Bogen, allesamt wie aus einem spannenden Bilderbuch spaziert.
Ihre Schritte waren kaum zu hören. Und vor allem einer hörte sie nicht, vielleicht auch beachtete er sie nicht: Timortom. Noch immer kauerte er wie ein betrunkener Mexikaner an der Mauer, bloß dass ihm die Decke von den Schultern gerutscht war und sein

schmutziges Hemd sichtbar wurde; dass ihm der lächerliche fleckige und zerbeulte Zylinderhut tief ins Gesicht gerutscht war … ein elendes Bündel Mensch, ausgezehrt, wahrhaftig wie dem Leben verloren gegangen, irgendwie an diese ihm so fremde Küste verschlagen und krank obendrein, krank wahrscheinlich vor Heimweh.

Die Kinder also schleichen in den Hof. Sie sehen mich nicht, ich bin hinter den Mülltonnen, sie sehen auch Timortom nicht gleich. Sie starren zu den Fenstern der Schankstube hinauf und warten auf den Anblick eines herrlichen, eines fantastischen Indianerhäuptlings, der sie doch wittern müsste! Als sich jedoch keiner zeigt, werden sie ein wenig unruhig, gucken sich um, bemerken Timortom, stoßen ihn an: He! Wo ist hier der Indianerhäuptling? Rede schon, du Strolch! Da stehen sie also, acht oder neun kleine, nachgemachte Indianer um den einen echten und erkennen ihn nicht. Sie erkennen ihn nicht! Stoßen ihn ungeduldig an wie einen alten Kartoffelsack, eins trommelt sogar spöttisch auf seinem Zylinderhut. Aber Timortom: Der hebt die Augen, und der erkennt. Der sieht den Aufputz der Kinder, er begreift dunkel den Zusammenhang, dieser Aufputz muss, muss ihn an irgendetwas erinnern, vielleicht genau an das, was sein sehnsüchtiges Herz zerquält. Es macht Timortom lebendig, seine Augen werden lebendig, er mustert die bunten Federn in den Haaren, die bemalten Gesichter, die niedlichen Kriegsbeile und Colts aus Holz oder Plastik, die Pfeile und Bogen.

Er beugt sich vor, tastet durch die Luft – Himmel, sogar seine Hände sind wie betrunken! Trotzdem erreichen sie einen der kleinen Tomahawks, er will ihn ganz genau besehen und dem Jungen, dem er gehört, aus der Hand nehmen, nicht herrisch, nein: zaghaft, ungläubig, fassungslos. Da zuckt der Junge zurück, angeekelt von Timortoms schmutzigen Händen, hebt das kleine Beil und schlägt dem Indianer damit auf die Finger. Als wäre das ein Signal gewesen, tobt im nächsten Moment die ganze Meute um den Indianer mit wildem Schmähgeschrei herum: Dreckfink! Schmutzklotz! Lumpensack! Läusepack!

Timortom, im ersten Augenblick zurückgesunken an die Mauer, fängt an, sich langsam aufzurichten, schwankend, immer die Mauer im Rücken und beide Hände von sich gestreckt, als wollte er etwas abwehren und zugleich danach greifen, es ist eine so hilflose, halb bittende Bewegung. Lasst mich in Ruhe, bitte!

Aber die Kinder hören nicht auf, diese verkommene Figur zu verhöhnen. Sie zerren an seinen Lumpen, strecken die Zungen heraus … Meine Güte, sie werden es gar nicht so böse gemeint haben, sie waren übermütig und wollten an diesem Tag angeben, um das Herz eines Indianers zu erobern. Und nun kühlten sie ihr Mütchen an diesem Herumtreiber, der so unhöflich gewesen war, ihre Fragen nicht zu beantworten.

Ein Kriegstanz war das, ein richtiger Kriegstanz, den sie um Timortom aufführten, und Kriegsgeschrei auch das: Lumpensack-Läusepack! Timortom steht ganz aufrecht, die Hände noch immer flehend vorgestreckt – lasst mich in Ruhe! –, aber die Kinder hören nicht auf. Und da endlich strafft sich etwas in ihm, ich sehe es an seinen Schultern, und seine Finger krümmen sich

zu Krallen. Schon ist er mit einem wilden Sprung mitten unter ihnen, mitten in der tanzenden schreienden Meute. Der lächerliche Hut ist mit einem einzigen Ruck runter von seinem Kopf auf den Steinplatten des Hofes. Die Decke fliegt von seinen Schultern, sein Hemd steht offen, sein Kopf ist frei, und mit einem einzigen blitzartigen Griff hat er dem Nächststehenden Pfeile und Bogen entrissen, weicht wieder zurück zur Wand und legt an.
Augenblicklich wird es still. Die Kinder stehen wie versteinert. Noch ehe eins sich rühren kann, zischt der erste Pfeil durch den Hof – srrr-klack! Eine Feder wirbelt aus einem der blonden Schöpfe. Ein Meisterschuss, haarscharf über den Scheitel des Kindes hinweg. Schon ist der zweite Pfeil auf der Sehne des Bogens und wieder – srrr-klack! Eine zweite Feder wirbelt zu Boden. Timortom legt den dritten Pfeil auf und zielt auf den Schopf eines der wie angefrorenen Kinder, denn noch immer rührt sich keines. Aber das ist nicht mehr der Schreck, der sie festbannt, das ist etwas anderes, das ist die blitzartige Erkenntnis, die ihnen endlich, endlich gekommen ist … Sie sehen jetzt mit besseren Augen als vorher. Timortom, barhäuptig, mit offenem Hemd vor der kalkweißen Mauer, sein wie

Stahl schimmerndes, blauschwarzes Haar, mag es auch nur halblang und verwildert sein; die bronzene Haut, die schwarzen, vor Schärfe und Bitternis funkelnden Augen und vor allem diese Pfeilschüsse, die unnachahmlichen Schüsse!
Sie vergaßen das Lumpenzeug an seinem Leib und die Läuse in seinen Haaren und Schmutz und Schweiß auf seiner Haut. Spätestens als Timortom die dritte Feder abgeschossen hatte, erkannten sie ihren Indianer. Und das war weiß Gott, so zornig, wie er dastand, ein durch und durch echter Indianer. So was vergisst man nie. Nie! Nie und nimmer. Ihr seht ja, ich habe es bis heute behalten. Und jetzt wäre ich dankbar, wenn ich noch einen Schluck Kaffee bekäme."
Damit schob Louis den Kindern seine Tasse über den Küchentisch zu. Aber sie achteten nicht auf seine Tasse, ihre Blicke hingen noch immer an seinen Lippen: „Und dann, Louis? Und dann?"
„Erst Kaffee", sagte er, „dann fällt es mir sicher wieder ein … Ja, danke, das genügt. Und dann?, fragt ihr. Und dann? Ist das nicht genug? Was Timortoms Schießkünste mit Pfeil und Bogen betraf, so muss er wohl tatsächlich als Kunstschütze bei einem Zirkus aufgetreten sein und kam wohl auf diese Weise nach Europa. Ich habe es nie ganz aus ihm herausstochern können. Er war nicht eben gesprächig. Nach diesem Auftritt mit den Kindern noch weniger als vorher."
„Und wurde er ihr Ehrenhäuptling, Louis?"
„Seht ihr", sagte Louis und blickte die Kinder der Reihe nach kopfschüttelnd an, „ich habe am Anfang meiner Geschichte gesagt, dass sie sich genauso heute

noch abspielen könnte. Mir scheint, ich habe damit Recht: Ihr seid nicht anders als jene Kinder aus der Herbergsstraße, die sich an ein Bild klammerten, das ihnen ein Wort vorgaukelte: Indianer. Sie kannten das Bild nur aus Büchern, Filmen, Geschichten. Hatten keine Ahnung von der Wirklichkeit. Sie kamen nicht darauf, dass selbst ein Indianer ein armseliger Mensch sein konnte, der hungerte und Durst hatte, viel Durst, Durst auf alles, was ihn seinen Hunger und sein Heimweh und seine Erniedrigung vergessen ließ, irgendetwas jedenfalls vergessen ließ, das ihn quälte. Womöglich hatte es ihn sogar auch gequält, nicht ein solcher Indianer sein zu können, wie Kinder ihn haben wollen. Unerträglich, einfach nur ein Mensch zu sein, eine armselige Kreatur, wenn man doch ein Indianer ist. Was? Und als sie ihn erkannten, als sie den echten Indianer erkannten, wie er da mit Pfeil und Bogen vor ihnen stand, da war es zu spät, da war das Bild, das sie sich von ihm gemacht hatten, nicht mehr zu retten. Da hatten sie ihn schon Läusepack-Lumpensack genannt, da hatten sie all ihre Träume von Indianern selbst kaputtgemacht, da war er ein verletzter Feind, der auf sie schoss – weil sie ihn beschimpft, weil sie ihn gequält, weil sie ihn verhöhnt und geschlagen hatten. Sie hatten ihm doch auf die Finger geschlagen."

„Haben sie sich wenigstens geschämt?", fragten die Kinder.

Louis hob zweifelnd die Schultern und ließ sie wieder sinken. „Was weiß ich", sagte er. „Was weiß ich? Sie zogen schließlich wie belämmert wieder ab, ja, das taten sie. Aber ist Katzenjammer gleich Scham oder gar Schuldbewusstsein? Mag eher sein, dass sie Indianer von da an insgeheim hassten, weil sie sich einmal an einem aus lauter Angeberei versündigt hatten. Ja, das ist ungerecht. Aber einer wie ich weiß, dass sowas möglich ist – einer wie ich, der tausend Menschen kennt und ihre Geschichten!'

„Und Timortom", drängten die Kinder, „was ist aus Timortom geworden?"

Louis leerte seine letzte Kaffeetasse langsam und bedächtig, als müsse er das Schicksal jenes Indianers erst ganz und gar bedenken. Dann stellte er die Tasse unvermutet hart zurück auf ihren Unterteller, dass es schepperte, und stand auf. Er griff nach dem bereitliegenden Werkzeug für die Fahrradreparaturen und wandte sich zur Tür.

„Timortom", schloss er bitter beim Hinausgehen, „Timortom hat sich an jenem Tag für seine letzten Groschen betrunken und war danach noch elender als vorher. Am Abend sah ich ihn wieder im Hof an der kalkweißen Mauer hocken. Am nächsten Morgen war er verschwunden, und niemand wusste, wie lange schon und wohin – verschwunden, wie von seinen Geistern und Vorfahren geholt. Was auch hätte man ihm Besseres wünschen können, ihm, der so oder so daran verderben musste, dass er nicht war, wie andere ihn unbedingt wollten …"

Eva Rechlin

Oma Jules Geheimnis

Auf dem Weg zur Schule blieb ich jeden Tag an der gleichen Stelle stehen. Zwischen kalten, nackten Steinhäusern hockte in einem grünwuchernden Garten ein winziges Haus, eingesponnen von wildem Wein, der bis in die Fenster hineinrankte. Immer wieder schaute ich über den Zaun und träumte mich in eine Märchenwelt hinein. Wer wohnte in dem geheimnisvollen Haus? Ein verwunschener Prinz? Eine Fee? Ein Zauberer? Oder hausten in dem dunklen Haus vielleicht sogar Gespenster? Nie sah ich ein Zeichen, dass das Haus bewohnt war, bis zu jenem Sommermorgen, als ich auf der Bank vor dem Haus eine Frau entdeckte. Eine uralte Frau mit schlohweißem Haar und einem tiefgefurchten, mageren Gesicht. Ich sah die große, gebogene Nase, den krummen Rücken, die langen Kleider … Und dann fiel mein Blick auf die schwarze Katze, die der Alten um die Füße schlich. Wie ein Blitz durchbohrte mich der Gedanke: eine Hexe! Es gab für mich keinen Zweifel. In dem Haus wohnte eine Hexe.

Ich schlich am Zaun entlang, ängstlich und neugierig zugleich. Hinter einem Strauch versteckte ich mich und lugte durch das dichte Gezweig. Die alte Frau strickte, aber ihr Blick ging in die Ferne. Sie bewegte ihre Lippen, und darin hörte ich das Murmeln: Eins rechts, eins links, eins rechts, eins links… Ein Zauberspruch! Mir lief ein Schauer über den Rücken. Plötzlich hob die Hexe den Kopf, sie musste mich entdeckt haben. Sie stand auf und winkte mich zu sich heran. Ich raste, von Angst gepeitscht, die Straße hinunter bis in die Schule. Bald wusste meine ganze Klasse, dass ich eine Hexe entdeckt hatte. Nach Schulschluss wären am liebsten alle Kinder mit mir gegangen, um die Hexe mit eigenen Augen zu sehen, aber nur Paul und Willi hatten den gleichen Schulweg. „Wir haben keine Angst“, erklärten die beiden. Sie prahlten mit ihrem Mut und versuchten, sich gegenseitig zu übertreffen.

Vor dem Hexenhäuschen schlichen wir gebückt hintereinander am Zaun entlang. Dann hockten wir drei hinter einem großen Holunderbusch. Vorsichtig hoben wir die Köpfe und sahen die Hexe dicht vor uns. Sie saß auf der Bank, die Hände im Schoß gefaltet. Ganz still saß sie da. Wir wagten uns in unserem Versteck nicht zu rühren. Plötzlich begann die Frau, ein Lied zu singen. Leise. Mit brüchiger Stimme: „Geh aus, mein Herz, und suche Freud in dieser schönen Sommerzeit …“ Wir hörten zu, bis die Frau verstummte. Mir war seltsam zumute. Eine Hexe, die singt? Willi flüsterte Paul etwas zu. Der boxte ihn in die Seite, so dass er ins Gebüsch fiel und laut aufschrie. „Wenn die Hexe uns erwischt, verzaubert sie uns“, flüsterte ich voller Angst. „Na, und?“, sagte Willi absichtlich laut.

Die Hexe drehte den Kopf in unsere Richtung, stand auf, stützte sich auf ihren Stock und humpelte auf uns zu. Einen Augenblick lang war ich wie gelähmt, dann stieß ich hervor: „Los, wir laufen weg!" „Ich nicht. Ich bin nicht so ein Angsthase wie du", brüstete sich Willi, und Paul erklärte: „Ich bleibe auch hier." Jetzt hörten wir eine Stimme: „Wer steckt denn da in meinem Holunderstrauch?" Die Hexe humpelte näher und bog mit ihrem Stock ein paar Zweige auseinander. „Da sieh mal einer an! Gleich drei Kinder auf einmal! Ihr habt es doch sicher auf meine Johannisbeeren abgesehen." Sie lachte. „Kommt ruhig herein! Ihr braucht nicht heimlich über den Zaun zu klettern."
„Los, wir gehen rein!", sagte Paul. „Auf Johannisbeeren hab ich gerade Lust." Ich zauderte. „Die Hexe verstellt sich bestimmt. Die will uns nur in ihr Haus locken." „Quatsch!", sagten beide Jungen und liefen am Zaun entlang und dann durch das Tor in den Garten. Ich lief hinterher. Mit einer Mischung aus Neugier und Grauen. Wenn die Hexe uns jetzt verwandelte? In drei schwarze Raben vielleicht. Oder in Schwäne oder wilde Tiere oder …
Dann stand die alte Frau vor uns und lachte uns an: „Kinderbesuch hab ich gern. Kommt nur mit! Ich zeige euch die Beerensträucher. Sie tragen in diesem Jahr so viele Früchte wie nie." Dann standen wir vor den Sträuchern, in denen dicht an dicht die überreifen roten Beerentrauben leuchteten. „Futtert euch nur ordentlich den Bauch voll!", forderte uns die Frau auf. Willi und Paul ließen sich das nicht zweimal sagen, ich schaute mich ängstlich nach der alten Frau um, die wieder

auf ihre Bank zuhumpelte. Ich sah den krummen Rücken, den Stock … So sahen doch nur Hexen aus. „Das ist keine Hexe“, meinte Willi und stopfte sich eine Handvoll Beeren in den Mund. „Hast du schon mal eine Hexe gesehen, die singt und lacht?“ „Dann ist es eben eine lustige Hexe“, sagte ich. „Quatsch, lustige Hexen gibt’s nicht“, erklärte Paul. „Das ist einfach eine nette, alte Frau und nichts anderes.“ Ich glaubte nicht daran. War es nicht schon unheimlich, wenn ein alter Mensch so lustig war? „Kommt bald wieder!“, sagte die Frau beim Abschied. „In meinem Garten gibt es noch eine Menge zu entdecken. Ich hab es gern, wenn Kinder hier herumtoben.“

Dann schloss sich hinter uns das Tor, und wir standen wieder auf der Straße. Die Hexe hatte keinen von uns verwandelt. Weder in Raben noch in Schwäne, noch in wilde Tiere oder irgend etwas anderes. Willi und Paul waren fest überzeugt: Das ist keine Hexe. Als die beiden verschwunden waren, schaute ich noch einmal zurück auf das winzige Haus im wildwuchernden Garten. Die alte Frau saß auf der Bank und streichelte ihre Katze. Vielleicht war sie wirklich keine Hexe, aber es ging etwas Geheimnisvolles von ihr aus, das ich mir nicht erklären konnte.

Zu Hause erzählte ich nichts von meinen Erlebnissen. Ich fürchtete, ausgelacht zu werden. Oder Vater würde mich wieder besorgt angucken und zu Mutter sagen: Das Kind hat zu viel Phantasie. Als Mutter abends allein bei mir am Bett saß, fing ich plötzlich an zu erzählen. Von der Entdeckung des kleinen Häuschens, von der alten Frau und von den Erlebnissen mit Willi

und Paul. Zuerst erzählte ich stockend und unsicher, aber weil Mutter still und mit ernstem Gesicht zuhörte, sprudelte schließlich alles aus mir heraus: meine Ängste, meine Vermutungen, meine Zweifel …
Als ich verstummte, sagte Mutter leise, aber bestimmt: „Oma Jule ist keine Hexe." „Oma Jule? Du kennst die Frau?" Mutter nickte. „Oma Jule hat ein schweres Leben gehabt." „Erzähl mal!", drängte ich. „Schon als Kind musste die Jule schwer arbeiten, weil ihre Mutter krank war und kleinere Geschwister versorgt werden mussten. Später hat sie einen Bergmann geheiratet, und weil der Lohn sehr knapp war, hat Jule jeden Tag bei fremden Leuten geputzt. Die beiden haben tüchtig gespart, und schließlich konnten sie sich ihren Herzenswunsch erfüllen und sich das winzige Häuschen kaufen. Aber ein Jahr später gab es in der Grube eine Schlagwetterexplosion und Jules Mann kam nicht mehr zurück. Da musste die Jule ihre drei kleinen Kinder allein durchbringen. Sie hat sich krumm gearbeitet, sagen die Leute. Und jetzt lebt sie allein in ihrem Häuschen. Ab und zu hilft ihr eine Nachbarin."
„Und wo sind ihre Kinder?", fragte ich. „Die beiden Töchter sind gestorben, und der Sohn ist nach Amerika ausgewandert. Hin und wieder kommt ein Brief von ihm, wiedergesehen hat Jule ihren Sohn nie mehr." Ich schüttelte ungläubig den Kopf. „Du meinst bestimmt eine andere. Die alte Frau, die vor dem Haus auf der Bank gesessen hat, das kann die Oma Jule nicht sein." „Und warum nicht?" „Die alte Frau hat mit uns gelacht. Richtig lustig war sie. Oma Jule ist bestimmt immer traurig", sagte ich. „Warum meinst du das?",

fragte Mutter. „Weil Oma Jule ganz allein ist und weil sie schon so alt ist und bald sterben muss.“ Mutter sagte zögernd: „Es ist ganz sicher Oma Jule, aber … Oma Jule ist ein Ostermensch.“

Ich riss die Augen auf. Also gab es doch etwas Geheimnisvolles um die alte Frau. „Ein Ostermensch? Was ist das?“ „Ostermenschen schauen durch Not und Tod hindurch in ein unsichtbares Licht. In das Licht der Ostergeschichte. Deshalb können sie so fröhlich sein.“ Ich schwieg und schaute Mutter verwundert an. „Du kennst doch die Ostergeschichte“, sagte sie. Ich nickte. „Ja, aber … Bitte, erklär’ mir das alles noch einmal!“ „Das kann ich nicht“, sagte Mutter. „Die Wahrheit der Auferstehung kann man nicht erklären, aber ich weiß, dass es die Hoffnung der Ostergeschichte ist, die Oma Jule so fröhlich macht.“ Mutter stand auf und strich mir übers Haar. „Geht nur hin zu Oma Jule! Sie ist keine Hexe.“

„Dann kann sie uns auch nicht verwandeln“, sagte ich beruhigt. Mutter zögerte einen Augenblick. „Nein, jedenfalls nicht in Raben, Schwäne oder wilde Tiere, wie du befürchtet hast. Aber wenn ihr traurig seid oder Angst habt, dann kann euch Oma Jule wieder in fröhliche Kinder verwandeln. Ostermenschen machen unsere Welt heller, weil sie anderen von ihrer Freude mitgeben. Das ist das Geheimnis der Ostermenschen, und das ist auch das Geheimnis von Oma Jule. Ihr werdet es spüren, wenn ihr sie besucht.“ „Ich glaube, ich habe es schon gespürt“, sagte ich leise.

Ilse Bintig

Engel ohne Flügel

„Zio, wo bleibst du denn mit dem Mörtel?"
Ungeduldig hallte die Stimme meines Meisters durch die weite Sixtinische Kapelle. Seit über drei Jahren saß Meister Michelangelo schon auf dem Gerüst vor der riesigen Altarwand der Kapelle des Papstes.
„Kapelle ist gut", hatte ich mir schon oft gedacht, „unsere Pfarrkirche in Florenz könnten wir gut hier hereinstellen, ohne dass sie irgendwo anstoßen würde."
Aber hier in Rom war alles anders, viel größer, viel prächtiger als zu Hause.
Eigentlich wollte ich gar nicht von zu Hause weg – mit meinen 14 Jahren. Aber mein Vater hatte einen Brief bekommen, und er sagte mir: „Maurizio, mein Sohn, wenn du dem größten Maler und Bildhauer, den die Welt kennt, helfen darfst bei dem größten Fresko, das jemals gemalt wurde, dann ist das die größte Ehre, die jemals einem Malerlehrling zuteil wurde. Von der großen Ehre für unsere Familie ganz zu schweigen!"
Was ein Fresko ist, das wusste ich damals schon. Es ist ein Bild, dessen Farben sofort in den noch feuchten Mörtel gemalt werden. Dadurch hält das Bild sehr lange, und die Farben leuchten noch viele, viele Jahre.
„Zio, nun mach doch endlich!"
Wieder riss mich die Stimme des Meisters aus meinen Gedanken. Wenn er mich „Zio" rief, dann war das schon ein schlechtes Zeichen. Eigentlich heißt „Zio"

Onkel. Michelangelo hatte meinen richtigen Namen „Maurizio“ so abgekürzt. Und er benutzte ihn immer dann, wenn ich wieder einmal träumte oder zu langsam war.
Es war schon ein Kreuz mit dem Meister. Als ich hier anfing, waren wir noch über zehn Gehilfen. Aber alle hatte Michelangelo nach Hause geschickt, weil keiner so gut arbeitete, wie er es sich wünschte. Nur mich hatte er dabehalten; das ist schon eine große Ehre, aber auch viel Arbeit. Die Arbeit von zehn.
„Zioooo …!“
„Meister, ich bin schon da!“
Ich war bereits das halbe Gerüst hochgeklettert, den Trog mit Mörtel auf meiner Schulter. Oben angekommen durfte ich eine Fläche von etwa 1 x 1 Meter mit meinem Mörtel auftragen. Sofort brachte der Meister mit Ruß die Umrisse einer mächtigen Gestalt auf den feuchten Mörtel. Dann begann er ohne Unterbrechung, die Farben in den Mörtel zu malen.
Das hatte ich nun Hunderte Male erlebt. Manchmal konnte ich eine ganze Gestalt sehen, die der Meister in den Mörtel malte. Das war aber meist eine kleine Gestalt. Meistens passte gerade nur ein Bein oder ein Arm auf das Stück Mörtel, das ich aufgetragen hatte, so riesig waren die Gestalten.
Ein paarmal hatte ich schon versucht, meinen Meister zu fragen, wie er denn das „Jüngste Gericht“ darstellen will. Aber das hatte nicht viel Sinn. Michelangelo war dafür bekannt, dass er nicht viel Worte machte. Manchmal sprach er mehrere Tage überhaupt nicht. Selbst das Essen musste ich ihm auf das Gerüst bringen. Er

ließ sich durch nichts stören, und zwar schon über drei Jahre lang. Niemand durfte die Kapelle betreten, selbst der Papst nicht. Das hatte Michelangelo zur Bedingung gemacht.
Einmal hatte Michelangelo mir auf meine vielen Fragen geantwortet: „Schau in die Heilige Schrift!“

Ich hatte das ein paarmal getan. Ich hatte auch die Stellen gefunden, die über das Jüngste Gericht berichten. Aber so richtig vorstellen, wie das Gemälde wohl werden würde – nein, das konnte ich nicht.
„Meister, hat denn das Jüngste Gericht auch etwas mit Engeln zu tun?“, fragte ich neugierig.
Michelangelo nahm die Bibel, die er immer bei sich trug und in der er jeden Tag las, aus der Tasche und schlug sie auf.
„Hier steht es“, antwortete Michelangelo auf meine Frage. „Hier in der Geheimen Offenbarung des Johannes.“
Er hielt mir die aufgeschlagene Heilige Schrift hin.

„Da steht's. ‚Und ich sah: Sieben Engel standen vor Gott; ihnen wurden sieben Posaunen gegeben.' Und hier – noch ein Stück weiter unten: ‚Und sieben Engel machten sich bereit, die sieben Posaunen zu blasen.'"
„Werden wir dann heute Engel malen, Meister?"
„Darauf kannst du dich verlassen, caro mio – mein Lieber! Und nicht nur heute. Ich denke, die nächsten Wochen werden wir uns ausschließlich mit Engeln beschäftigen."
Er griff zu Pinsel und Farbe. Im linken oberen Halbrund wurde bald eine Schar von Engeln sichtbar.
„Die Engel tragen ja ein Kreuz in den Himmel", rief ich erstaunt.
„Schau richtig hin, Junge!", forderte mich der Meister auf.
Eine ganze Weile stand ich vor dem Bild.
„Ja, du hast Recht, Meister. Ich habe nicht richtig hingesehen. Es sieht eher so aus, als wenn das Kreuz die Engel in den Himmel hinaufzieht."
Das Gleiche beim nächsten Bild: Da werden die Engel mit der Geißelsäule förmlich nach oben in den Himmel gerissen.
Einige Monate vergingen. Inzwischen hatte sich die Wandfläche schon gut zur Hälfte gefüllt. In der Mitte Christus, der Richter. Um ihn herum in einer gewaltigen Kreisbewegung eine unzählbare Schar von Heiligen und Auserwählten. Unter Christus sah ich wiederum eine Schar von sieben Engeln.
„Meister, das sind doch die Engel aus der Geheimen Offenbarung des Johannes. Die Engel, die zu Beginn des Jüngsten Gerichts die Posaunen blasen!"

„Richtig, Maurizio! Und weil du so gut aufgepasst hast, darfst du den Engeln nun die Posaunen malen."
Mit Feuereifer stürzte ich mich auf die Posaunen. Ein paar Wochen später bewunderten wir beide – der Meister und sein Schüler – das gelungene Werk.
„Was ist los, Maurizio?"
Michelangelo sah mir an, dass mir etwas auf der Seele lag.
„Ja, ich weiß nicht recht!"
Ich kratzte mich verlegen am Kopf.
„Heraus mit der Sprache!", forderte mich der Meister auf.
„Ja, die Engel – das sind ja gar keine Engel!"
„Und wieso sind das keine Engel?"
„Ja, ich weiß nicht, Meister, deine Engel, die haben ja überhaupt keine Flügel!"
„Ja und? Was ist so Besonderes daran?"
„Ich meine: Engel ohne Flügel, die gibt es doch gar nicht!"
„Du siehst doch, dass es sie gibt!"
„Ja, aber in der Heiligen Schrift! Da steht doch, dass Engel Flügel haben!"
„Aber es steht dort nicht, wie solche Flügel aussehen, aus was sie beschaffen sind. Ich versuche, die Engel ganz einfach so zu malen, dass man es ihnen ansieht."
„Was ansieht?"
„Man muss den Engeln auch ohne Flügel ansehen, dass sie Boten Gottes sind!"
Wieder stand ich lange Zeit stumm vor dem Bild.
Dann nickte ich zustimmend: „Ja, Meister, du hast Recht. Deinen Engeln kann man auch ohne Flügel

ansehen, dass sie Boten Gottes sind! Ich weiß zwar nicht wieso, aber es ist so."

„Meister", fragte ich leise, so als wenn ich mich eigentlich gar nicht traute zu fragen, „Meister, ich habe da noch eine Frage: Deine Engel, die Engel ohne Flügel, die sehen ja zumindest auf den ersten Blick aus wie Menschen!"

„Und was willst du fragen?"

„Ja, ich denke mir, wenn man doch Engel auch ohne Flügel ansehen kann, dass sie Boten Gottes sind, könnte es dann nicht auch bei uns so sein?"

„Wie meinst du das: bei uns?"

„Ich meine: Könnten dann nicht auch Menschen eine Botschaft von Gott bringen? Könnten nicht auch wir …?"

Fast waren sechs Jahre um, da begannen wir, das Gerüst abzubauen. Das Jahr 1541 war fast zu Ende. Am ersten Weihnachtstag befahl mir mein Meister, Festtagskleidung anzuziehen. An diesem Tag fuhren wir mit der Kutsche zum Vatikan. Nachdem wir die Sixtinische Kapelle – unseren Arbeitsort für viele Jahre – betreten hatten, öffnete sich das Hauptportal und Papst Paul III. zog mit seinem Gefolge feierlich ein. Als sie vor der Altarwand ankamen, riss Michelangelo an einer Leine. Das Tuch, das das Bild verhüllte, fiel herunter.

Um mich herum war es in diesem Augenblick so still, dass man eine Stecknadel fallen hören konnte. Wie erstarrt blickten alle auf das Bild. In vielen Augen konnte ich Bewunderung lesen, in manchen Augen richtiges Entsetzen. Weit aufgerissen starrten sie auf das Bild.

Der Papst fiel vor dem Bild auf die Knie. Vor all den Bischöfen und Prälaten – und auch vor mir – bekannte er laut seine Sünden und bat Gott um Vergebung.
Ich musste mehrmals hinschauen, um das mächtige Bild zu begreifen. Eine gewaltige Farbenpracht, unzählige Gestalten, bekannte Heilige und unbekannte Menschen, voller Leben: so als wollten sie jeden Augenblick von der Altarwand herabsteigen.
In der Mitte Christus als Richter: so Furcht erregend, dass ich zuerst meine Augen mit der Hand bedeckte und erst nach einiger Zeit wieder hinschaute.
Jetzt begriff ich, warum der Papst so erschrocken auf die Knie fiel und seine Sünden bekannte. Christus, der Richter, hatte eine mächtige Gestalt, sein rechter Arm war hoch erhoben. Ich sah, wie er die Sünder verurteilt, wie er sie praktisch niederschmettert und sie in die Hölle schickt.
Doch dann sah ich auch, wie Menschen aus ihren Gräbern auferstehen, wie Menschen einander in den Himmel helfen, wie ein Engel einen Menschen mit einem Rosenkranz in den Himmel zieht. Ich sah, dass Maria ohne Angst an der Seite des Richters sitzt und dass die Heiligen sich voller Vertrauen zu Jesus hinwenden.
„Zio, komm!"
Mein Meister zupfte mich am Ärmel. Während die anderen noch erschrocken oder andächtig vor dem Bild standen, stahlen Michelangelo und ich uns leise aus der Kapelle.

Norbert Hoffmann

Spaß in der Familie

Das Gewitter

„So!“ Schwungvoll knallte die Autotür zu. Lukas’ Vater atmete ein paar Mal tief durch. „Jetzt wird gewandert. Das wird uns ollen Stubenhockern sicher richtig gut tun“, sagte er zufrieden.
„Pöh, der einzige olle Stubenhocker ist er“, flüsterte Lukas Lisa zu und zog die Augenbrauen hoch. „Mama ist den halben Tag im Garten und ich fahre jeden Meter mit dem Fahrrad.“ Lisa kicherte: „Ist doch egal! Heute Abend dürfen wir jedenfalls Video gucken.“ Sie nahm ihren kleinen Rucksack aus dem Auto und ließ die Tür zufallen. „Richtig, sonst wären wir auch nicht mitgegangen“, brummte Lukas.
„Na, alle fertig?“, fragte sein Vater fröhlich. „Dann wollen wir man los!“

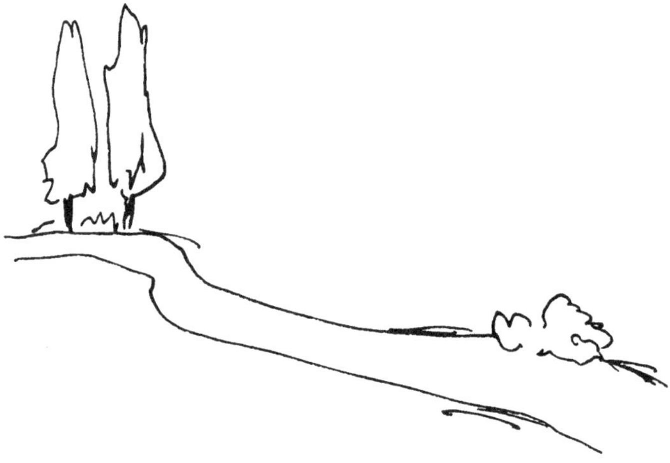

Im Gänsemarsch stapften sie alle hintereinander den Wanderweg entlang. Kräftig vorneweg der Vater, dahinter Lukas' Mutter, dann Lukas selbst. Zum Schluss Lisa, die an diesem Wochenende bei Lukas übernachten durfte. Ab und zu hüpfte sie hoch und ihr Rucksack tanzte lustig hin und her.
„Thomas, geh bitte langsam! Wenn du wieder so rennst, kommt keiner mit!", mahnte Lukas' Mutter.
Eine ganze Weile marschierten sie über die Wege, durch einen kleinen Wald und an Hügeln und Wiesen entlang. Eine blasse Herbstsonne blinzelte durch die Wolken und der Wind war kühl.
„Papa", rief Lukas plötzlich ganz laut. „Ich habe Hunger!"
„Was, schon?", sagte sein Vater und schaute auf die Uhr. „Wir laufen doch erst … oh, ja, schon so spät? Na gut, eine kleine Pause kann nicht schaden." Er drehte sich um. „In einer Viertelstunde kommen ein paar Bänke, da machen wir Rast. Das schaffst du doch noch, oder?" Lukas seufzte. „Ja, gut", sagte er müde. Auf diese Wandertage hatte er noch nie Lust gehabt. Auch Lisa hüpfte jetzt nicht mehr, sondern trottete stumm neben Lukas auf dem Weg.
Der Wind wurde kälter und am Himmel kamen dicke Wolken auf. Eine Viertelstunde verging – keine Bänke in Sicht.
„Thomas, es gibt ein Gewitter", sagte Lukas' Mutter. „Wir brauchen einen Unterschlupf." Lukas und Lisa blieben stehen und schauten hoch. Der Himmel war inzwischen tiefschwarz geworden und irgendwo grummelte es leise hinter den Wolken. Lukas blickte sich

suchend um. „Mama, guck mal, eine Hütte“, rief er und lief sofort darauf zu. Gerade als sich das Tor der alten Scheune hinter ihnen schloss, zuckte der erste Blitz krachend über den Himmel. „Glück gehabt“, dachte Lukas und spähte vorsichtig durch eine lose Latte nach draußen.

Über die Wiese vor der Scheune fegte ein scharfer Wind und jagte die Blätter von den Bäumen. Da – schon wieder ein greller Blitz und knatternd und rumpelnd rollte ein mächtiger Donner hinterher. Fasziniert starrte Lukas in den Himmel. Irgendwie sah das toll aus, wenn die Lichtblitze wie ein Laserstrahl über den Himmel schossen. In der Scheune lagen alte Strohballen und in der Ecke waren ein paar kaputte Kisten gestapelt. Lukas Vater drehte eine der Kisten um und begann seinen Rucksack auszupacken. „Falls jemand Hunger haben sollte“, meinte er, „der Tisch ist gleich fertig.“

„Au ja!“ Lukas und Lisa zerrten einen Strohballen heran und setzten sich. „Hm, Schmierkäse“, sagte Lukas, „und Nutella!“ Auch Lisa biss kräftig in ein Butterbrot. Für einen Moment waren alle damit beschäftigt, die leckeren Butterbrote, die gekochten Eier und den heißen Tee zu genießen. Draußen zuckte immer wieder ein Blitz und ein starker Regen hatte angefangen, wie ein Wasserfall zu Boden zu stürzen. Lukas hielt seine Hände um den Becher mit dem heißen Tee. Nachdenklich sagte er: „Frau Kehler hat uns in der letzten Stunde auch etwas erzählt über jemanden, der durch ein Gewitter nicht mehr weiterkonnte.“

„Aha, aus der Bibel?“, fragte seine Mutter. „Nee, irgendwas mit, mit, wie hieß der gleich?“ Lukas kniff die Augen zusammen und überlegte. „Genau, Benedikt hieß der. Das war ein Mönch. Und er hat sich immer einmal im Jahr mit seiner Schwester getroffen, um über Gott zu reden. Die Schwester hieß Scholastika. Komischer Name, nicht? Als er beim letzten Treffen gehen wollte, hat seine Schwester gebetet, damit ein Gewitter kommt. So kam er nicht weg."

„Schlau! Der Trick ist gut", lachte Lisa, „und über was haben die beiden miteinander geredet, dass das seiner Schwester so wichtig war?"

„Na, über Gott", sagte Lukas. „Hm", sagte Lisa. „Magst du noch einen Tee, Lisa?", fragte Lukas' Mutter. Dann meinte sie: „Vielleicht hat seine Schwester etwas über die Bibel wissen wollen und Benedikt hat es ihr erklärt?"

„Oder sie haben einfach über den Glauben gesprochen. Was er ihnen bedeutet oder was er ihnen wert ist", sagte Lukas' Vater. „Das tun Mama und ich auch ab und zu. Und wir beten zusammen oder lesen gemeinsam in der Bibel. Das ist uns wichtig." Dabei lächelte er seiner Frau zu und griff nach ihrer Hand. Lukas blies über den dampfenden Becher Tee und fragte: „Wieso ist euch das denn wichtig, Papa?"

„Ja, weißt du", sagte sein Vater, „der Glaube an Jesus Christus ist ein großes Geschenk. Er macht mein und unser Leben reich. Und er gibt uns eine ganz wichtige Wegweisung. Aber diesen Glauben muss jeder weiterschenken. Nur im stillen Kämmerlein für sich glauben – das geht nicht. Darum ist es auch gut, wenn wir darüber reden!"

„Ja, das meine ich auch", sagte Lukas' Mutter, „aber für mich ist der Glaube auch so wichtig, weil ich schon

oft erfahren habe, dass er mir in schweren Zeiten hilft. Dass er mich trägt. Darauf möchte ich nie verzichten!"
Lisa pustete ihren Pony aus der Stirn. „Also", sagte sie, „also, ich find' Glauben gut, weil ich Jesus gut finde." Ihr Gesicht wurde dabei ganz hellrosa und sie murmelte leise: „Ich hab Jesus nämlich einfach lieb."
„Na, jetzt fehlt nur noch Lukas", schmunzelte sein Vater, „also – was ist Glauben für dich, Lukas?"
„Hm!" Lukas überlegte eine Weile. „Ich glaube an Jesus, weil, weil ...", er machte eine Pause, „weil Jesus so etwas ist wie Gott zum Anfassen."
Einen Augenblick lang herrschte verblüffte Stille. Dann klopfte ihm sein Vater leicht auf die Schulter: „Das ist wohl der schönste Grund, an Jesus zu glauben, den es gibt!", sagte er langsam.
Das Gewitter hatte sich verzogen. Nur noch ein starker Regen rauschte durch die Blätter. „Wir müssen langsam aufbrechen, sonst wird es zu spät", meinte Lukas' Mutter und seufzte, „bei dem Regen werden wir klatschnass." Lukas schüttelte sich. „Macht nichts, Mama, mir ist sowieso schon kalt." Auch Lisa sah mittlerweile ziemlich durchgefroren aus. Schnell packten sie alles zusammen, knöpften ihre Jacken bis oben hin zu und stürzten sich nach draußen. Als sie endlich am Auto ankamen, waren sie bis auf die Haut nass.
Zu Hause zogen Lukas und Lisa ihre tropfenden Sachen aus und gleich ihren Schlafanzug an. Mit einem heißen Becher Kakao saßen sie auf dem Sofa im Wohnzimmer. Lisa schlürfte einen Schluck und gähnte. „Ich glaube, Video gucke ich morgen", sagte sie müde und gähnte noch einmal.

Auch Lukas fielen die Augen schon fast zu. „O. K.“, meinte er schlaftrunken. Im Bett rollte er sich zufrieden zusammen. Schon halb im Schlaf dachte er nur noch: „Eigentlich gar nicht so schlecht, so ein Wandertag mit Papa. Und dass er das mit dem Glauben so gut findet, habe ich überhaupt nicht gewusst.“

Maria Anna Leenen

Opa ist cool

An einem der letzten Tage im Mai bekam Mira eine Einladung. Sie stand auf einem Zettel, der im Briefkasten gelegen hatte. Liebe Mira, hieß es da, du gehörst zu den nächstjährigen Kommunionkindern. Wir möchten dich gerne näher kennen lernen. Dazu treffen wir uns am Samstagnachmittag um 15.00 Uhr vor der Nikolauskirche. Im Monat Mai wie auch im Oktober verehren wir ganz besonders Maria, die Mutter Jesu. Vielleicht macht es dir Freude, ihr zu Ehren eine Maiandacht mitzufeiern? Wir fänden es schön, wenn wir dich und deine Eltern dabei begrüßen dürften, Pastor Kroll, Gemeinde St. Nikolaus.
„Ich weiß nicht, was du immer gegen unseren Pastor hast? Er schreibt doch sehr nett!“, meinte ihre Mutter.
„Muss ich mich da wieder anständig anziehen? Ich würde viel lieber mit Bert ins Freibad gehen!“, maulte Mira. Draußen schien die Sonne, es war heiß, und es sah aus, als würde das bis Samstag so bleiben.
„Ihr trefft euch zum ersten Mal“, erwiderte Sandra.
„Na gut“, gab Mira nach. Aber Freude machte ihr der Gedanke an das Treffen nicht. Ihre Eltern hatten am Samstagnachmittag keine Zeit. Sandra wollte im Krankenhaus arbeiten und Herbert sollte einem Bürokollegen beim Umzug helfen.
Opa Horst erklärte sich bereit mitzugehen. Das heißt, er wartete um zehn vor drei an der Bushaltestelle „Tie-

fer Graben“. Von dort war es nicht mehr weit bis zum Pferdemarkt und zur Nikolauskirche.
Bevor Sandra zum Krankenhaus fuhr, gab es Ärger wegen Miras Aussehen. Mira hatte ihren kurzen Jeansrock angezogen, die Haare gegelt und ihren blauen Anhänger aus Lapislazuli übergestreift.
„Die anderen sehen bestimmt nicht so – so wild aus!“, regte sich Sandra auf.
„Am besten trägst du den Anhänger, Lapislazuli beruhigt nämlich!“, erwiderte Mira frech. Wenn sie schon nicht ins Freibad ging, dann wollte sie wenigstens anziehen, wozu sie Lust hatte. Da ihre Mutter zum Krankenhaus musste, brach sie die Diskussion ab.
Eine halbe Stunde nach ihr verließ Mira das Haus. Es war so heiß, dass an kaputten Stellen in der Straßendecke der Asphalt aufweichte. Jetzt mit Bert und Sergej im Schwimmbad, das wäre schön! Was soll ich mit Maria?, dachte Mira verärgert.
Opa Horst stand wie verabredet an der Haltestelle. Zu einem kurzärmeligen Hemd trug er einen hellen Strohhut mit blauem Band. Opa Horst war einfach cool, fand Mira. Sie rannte auf ihn zu.
„Hallo, meine Kleine!“, fing er sie lachend auf.
„Hallo, Opa!“, erwiderte Mira. Dann fragte sie nach Oma Hilde.
„Heute geht es, sie lässt dich grüßen, die letzten Tage hat sie mir Sorgen gemacht, sie wollte nicht essen“, sagte Opa. Auf dem Weg zur Kirche fragte er, ob sie ein Marienaltärchen habe.
„Ein Marien – was?“ „Eine Marienfigur, ein paar Birkenzweige und eine kleine Vase mit frischen Blumen.

Davor haben wir früher immer gebetet und gesungen!“, erklärte Opa.
Pastor Kroll wartete schon auf sie. Einige der zukünftigen Kommunionkinder fehlten. Doch die meisten waren mit wenigstens einem Elternteil gekommen, auch Miras Freundinnen Lena und Silke. Lena wurde von ihrem Vater begleitet, Silke von ihrer Mutter.
Horsti, aus der Deutschrussen-Bande, war ebenfalls da. Wassili und Leonid nicht, die waren nicht katholisch. Allein mit seiner Mutter wirkte der schmächtige Horsti geradezu friedlich. Er grinste sie an.
Nach der Begrüßung führte sie Pastor Kroll in die Kirche zur Marienfigur. Groß, aus Holz geschnitzt, mit dem kleinen Jesus auf dem Arm, stand sie im rechten Seitenaltar. Der Altar war genau, wie Opa erzählt hatte, mit Büschen und Blumen geschmückt. Pastor Kroll sagte, dass die Figur schon 400 Jahre alt sei.
„Warum betet man gerade zu Maria?“, fragte Silke.
„Sie ist, wie du bestimmt weißt, die Mutter Jesu“, antwortete Pastor Kroll. „Er hat sie mit Körper und Seele zu sich geholt. Das feiern wir an ‚Mariä Himmelfahrt‘, das man aber besser ‚Mariä Aufnahme in den Himmel‘ nennen würde. Bei Himmelfahrt denkt man nämlich an Mondraketen oder so etwas.“ Einige lachten, aber das schien Pastor Kroll nicht zu stören.
„Es beten viele Menschen zu ihr“, fuhr er fort, „weil sie so nahe bei Gott ist.“
„Und warum gerade im Mai?“, wollte Gerhard wissen. Gerhard fragte immer, auch in der Schule.
Pastor Kroll sagte: „Der Mai ist der Monat, wo es draußen zu wachsen beginnt“ –

„und wo man schwitzt!“, meinte Helena, die recht dick war.
Wieder lachten alle, auch der Pastor, dann fuhr er fort: „Mai, das ist der Monat der Lebensfreude. Die Geburt Jesu war auch Freude. Gott hat Maria von der Sünde befreit, er wollte mit ihr und der Geburt Jesu für die Menschen einen neuen Anfang setzen. Genauso wie die Natur einen neuen Anfang macht. Deswegen die Büsche und Blumen am Altar, die Andachten im Mai.“
Mira nahm sich vor, zu Hause einen Maialtar zu bauen. Sie wollte auch neu anfangen, mit ihrer Mutter zum Beispiel, mit der sie sich eben gestritten hatte.
Nach einigen gemeinsamen Gebeten bat sie der Pastor in den Pfarrhof. Unter zwei großen Kastanien waren Tische aufgestellt. Die Pfarrhelferin, Frau Mühsam, und der junge Vikar Vollweide schenkten Kaffee und Sprudel aus.
Eine Stunde später ging Mira mit Opa nach Hause. Das heißt: nicht direkt, Opa wollte noch einen Schlenker zum Pferdemarkt machen. Das kam Mira entgegen. Sie hoffte, auf der kleinen Grünfläche hinter dem Platz, auf dem schon lange keine Pferde mehr gehandelt wurden, Blumen für ihren Altar zu finden. Opa Horst führte sie über den Markt zu einem Bürogebäude. In einer Nische an der Vorderfront stand eine kleine, steinerne Marienfigur.
„Die hat alles überstanden“, sagte Opa Horst. Er wirkte dabei aufgeregt.
„Was meinst du mit alles?“, fragte Mira.
„Die Bombenangriffe im letzten Krieg. Ich wollte zu meiner Schwester“, er zeigte auf ein neues Geschäfts-

gebäude mit Glasfront, „als es losging. Ich musste in einen Schutzkeller. Stundenlang nichts als Einschläge und Erschütterungen. Ich hatte schreckliche Angst und dachte ständig an die Figur hier!"

„Wie alt warst du damals?"

„Fünfzehn! – Irgendwann war es zu Ende! Als wir rausdurften, waren die Häuser an diesem Platz entweder zerstört oder brannten. Ich lief zu dem Haus, wo meine Schwester wohnte. Es war ein riesiger Schutthaufen. Auf diesem Schutthaufen fand ich sie. Sie suchte verzweifelt nach mir, weil sie dachte, ich sei irgendwo schon im Haus gewesen, als es losgegangen war. Sie hatte die Bomben an einer anderen Stelle überlebt."

Mira blickte auf das Geschäftsgebäude. Sie versuchte Opa zu verstehen, aber sie konnte sich das, was er erzählte, nur schwer vorstellen. An seiner aufgeregten Stimme merkte sie, wie sehr ihn die Sache noch immer mitnahm.

Nach seiner Schilderung wollte Opa jedoch, wie er sagte, „zum gemütlichen Teil übergehen". Er lud sie ins Eiscafe „Capri" ein. „Ich habe ja nicht immer die Gelegenheit, mit einem so schicken Mädchen auszugehen!", sagte er.

Wauuh, Opa war obercool! Ihn störten weder die gegelten Haare noch der dicke, dunkelblaue Anhänger. Warum nur meine Mutter?, fragte sich Mira.

ten Haaf

Unser täglich Brot

Herr Sander ist Bäckermeister. Ihm gehören die Bäckerei und das kleine Café im Nachbarort. Jede Nacht um zwei Uhr steht er auf, macht sich schnell eine Tasse Kaffee und geht dann in die Backstube hinunter. Seine Frau und seine Töchter Britta und Christine schlafen noch tief und fest, wenn er vorsichtig die alte Holztreppe hinabsteigt. Die Stufen, die besonders knarren, lässt er aus. Das hat er schon als kleiner Bub so gemacht, wenn er dem Vater nachts heimlich in die Backstube gefolgt war. Dort hatte er sich dann hinter dem großen Kühlraum versteckt und dem alten Sander so lange bei der Arbeit zugeschaut, bis er vor lauter Müdigkeit an den großen Mehlsack gelehnt noch einmal eingeschlafen war.

„Vater hat nie geschimpft, wenn er mich gefunden hat", denkt Otto Sander, als er den Teig aus dem Kühlraum holt. Und während er die Brotlaibe daraus formt und in den Ofen schiebt, erinnert er sich an das Lächeln im Gesicht seines Vaters, wenn der den kleinen Otto aufhob und ihn im Nebenraum auf das alte Sofa legte. Wie damals, so spielt auch heute noch ein mehlbefingertes altes Radio auf dem Arbeitstisch von Otto Sander das Nachtprogramm des Radiosenders ab. Es mischt die leichten Melodien in das monotone Brummen der Rührmaschine. Um fünf Uhr sind alle Brote und Brötchen in den Öfen. Dann macht der Bäcker eine kleine Pause und hört den Nachrichten im Radio zu.

„Was für eine Welt", grübelt er, wenn sic von Krieg, Hungersnot und Naturkatastrophen berichten. Und oft fragt er sich, wie die Menschen so viel Elend überhaupt aushalten können. Nach den Nachrichten folgen die Nachtgedanken der katholischen Kirche. Das ist für Herrn Sander das Zeichen, mit den Kuchen und Torten weiter zu machen. Die Nachtgedanken interessieren ihn nicht. Mit der Kirche hat Otto Sander es nicht. Er kann sich nicht einmal erinnern, wann er das letzte Mal einen Gottesdienst besucht hat. Wahrscheinlich war es auf der Beerdigung seines Vaters. Wie oft hatten ihn seine Frau und seine Töchter sonntags gebeten:
„Komm doch mit in die heilige Messe!" Aber er hatte ja immer einen guten Entschuldigungsgrund gehabt.
„Ich kann doch das Geschäft nicht schließen, die Leute wollen auch sonntags morgens frische Brötchen auf

dem Tisch. Und ohne den Bäcker Sanders geht das nicht!", hatte er stets geantwortet. Und wenn der Gottesdienst am Samstagabend abgehalten wurde, so hatte

er damit argumentiert, dass er ja um diese Zeit schon schlafen müsse, um so früh aufstehen zu können. Wäre er ehrlich gewesen, so hätte er seiner Familie eingestehen müssen, dass in der Zeit während des Gottesdienstes ohnehin nicht so viel Kundschaft in den Laden kam. Die meisten gingen wohl in die Kirche und kamen erst danach beim Bäckerladen vorbei.
Nur das Ehepaar Kolter hatte ihm in der Zeit immer Gesellschaft geleistet. Bis vor drei Wochen frühstückten die beiden sonntags regelmäßig im Café Sander, tranken mit dem Bäcker ihren Kaffee und unterhielten sich darüber, was für eine Zeitverschwendung es doch sei, den halben Vormittag mit dem Kirchgang zu vergeuden. Frau Kolter war auch in der Woche oft Kundin gewesen.
„Ohne Sanders Brot können wir nicht leben", hatte die alte Dame immer gesagt, wenn sie den Laden Händchen haltend mit ihrem Mann betrat.
„Ob sie heute wieder nicht kommt", überlegt Otto Sander und sortiert kleine Schokoladenschweine auf ein Tablett. Vor drei Wochen hatte ein betrunkener Autofahrer Herrn Kolter auf dem Zebrastreifen so schlimm angefahren, dass er noch an der Unfallstelle in den Armen seiner Frau gestorben war. Alle Leute mutmaßten seither:
„Die beiden waren über vierzig Jahre miteinander verheiratet, das verkraftet die alte Frau Kolter nicht. Ohne ihren Mann macht die auch nicht mehr lange." Der Bäckermeister will so nicht denken und beschließt:
„Wenn die anderen heute in der Kirche sind, werde ich Frau Kolter anrufen."

Im Radio lässt der Pfarrer die Nachtgedanken mit den Worten enden:
„Ich wünsche Ihnen einen schönen Sonntag, und falls Sie Kummer oder Sorgen haben, denken sie daran: ER ist das Brot des Lebens, ER schenkt uns Trost, Hoffnung und Zuversicht!"
Herr Sander zieht die heißen Brote auf den Rost. Und während sie dort abkühlen, erinnert er sich an seine Mutter, die nach dem Tode ihres Mannes noch öfter in die Kirche gegangen war und jedes Mal nach dem Gebet oder der Messe eine Kerze für den alten Sander angezündet hatte.
„Lass mich", hatte sie damals stets energisch erwidert, wenn er stattdessen um ihre Mithilfe im Laden bat. „Der Herrgott kennt meinen Kummer. Er hat Geduld mit mir! Wenn die Menschen meine Klage über Vaters Tod nicht mehr hören können und zu mir sagen ‚Reiß dich zusammen, das Leben geht weiter!', hört Er mir immer noch zu. Ich habe mit Ihm in meinem Leben alles teilen können: die Freude über meine Hochzeit, das Glück, als ich die Kinder bekam, aber auch das Leid im Krieg und nun den Tod des mir liebsten Menschen. Er wird mir den Weg zeigen und die Kraft schenken, weiter zu leben."
Gedankenversunken dekoriert Herr Sander die letzte rosa Marzipanrose auf einer Hochzeitstorte. Dann bringt er das Meisterstück in den Verkaufsraum.
Sein Blick wandert die modernen Regale entlang, vorbei an den verschiedenen Brotsorten, den frisch gebackenen Teilchen, den mühsam gefertigten Torten. An der alten Registrierkasse hält er inne. Die ist noch von

seinem Vater. Und neben der Kasse steckt noch immer das alte Türschild.
„Alleine werde ich Frau Kolter nicht helfen können“, schießt es Otto Sander plötzlich in den Kopf. Als an diesem Sonntag um 9.30 Uhr die Glocken zur Andacht rufen, erklärt Herr Sander seiner Frau und seinen Töchtern:
„Ich komme mit, aber vorher holen wir noch Frau Kolter ab.“ Er sperrt den Laden zu und wirft noch einen Blick auf das alte Schild, das jetzt wieder in der Türe hängt:
„Während der hl. Messe geschlossen!“

Marianne Vonolfen

Freunde sind Klasse

Tom und der fliegende Kieselstein

7.00 Uhr. Toms Wecker erlöst den Jungen von seinen Träumen. Aufgeschreckt gibt Tom ihm einen Stoß, so dass er auf die Erde fällt und verstummt. Auf dem Weg ins Bad wirft Tom einen Blick ins Wohnzimmer. Dort liegt seine Mutter auf der Couch. Sie schläft immer dort, wenn sie abends zu viel getrunken hat. Dann hört sie keinen Wecker, und Tom muss alles alleine machen. Sie trinkt nur, weil sie Kummer hat, sagt sie. Tom hat nur noch seine Mutter.

„Sie wird es nicht merken, wenn ich mich nicht wasche“, denkt er, „aber vielleicht die anderen in der Klasse oder meine Lehrerin“. Also zieht er einen Waschlappen durchs kalte Wasser und lässt ihn sein Gesicht streicheln. Dann springt er hastig in seine Sachen. Die Hose von gestern, das T-Shirt von gestern, den blauen Strumpf für den linken Fuß und den roten für den rechten – alles wie gestern. In der Küche nimmt er noch einen Schluck aus der Colaflasche und steckt sich einen Beutel Chips in den Ranzen. Wenig später zieht er die Haustüre leise hinter sich zu.

Eigentlich hat es Tom nicht weit bis zu seiner Schule. Er wohnt in der gleichen Straße, keine fünfhundert Meter vom alten Schulgebäude entfernt. Wenn er sich

morgens auf den Weg macht, rennen viele seiner Klassenkameraden singend und pfeifend an ihm vorbei. Sie alle haben fröhliche Gesichter.
„Bestimmt haben sie alle noch einen ‚Mach's-gut-Kuss' von ihrer Mama bekommen", denkt Tom. Tom ist nicht fröhlich, langsam setzt er einen Fuß vor den anderen. Er hat einmal wieder seine Hausaufgaben nicht gemacht. Das wird Ärger geben. Es gibt oft Ärger in der Schule. Besonders ärgerlich sind die Zeugnisse. In seinem letzten stand: „Der Junge ist oft launisch und unkonzentriert. Die meiste Zeit schaut er träumend aus dem Fenster."
Tom findet das nicht so schlimm. Er träumt gerne am Tag. Die Tagträume sind besser als die in der Nacht. Am Tage kann man sich aussuchen, wovon man träumt. Da hat man seine Träume im Griff. In der Nacht ist das anders. Da können sie einem Angst machen.
Tom möchte so gerne Pilot werden. Davon träumt er, wenn er in der Klasse sitzt und aus dem Fenster starrt. Dann steuert er in Gedanken das Flugzeug, das gerade einen weißen Kondensstreifen in den blauen Himmel zieht.
Jetzt, auf dem Schulweg ist es ein kleiner Vogel, der ihn mit sich des Weges nimmt. Vor dem Schultor angekommen, stößt Tom mit dem Fuß gegen einen Kieselstein.
„Dem geht es wie mir", kommt es ihm in den Sinn, „der wird auch nie fliegen."
„Ein Pilot muss gut in der Schule sein und immer seine Hausaufgaben machen", hatte ihn seine Mutter gestern wieder ermahnt. Dann hatte sie ihn für Stunden mit in

die Stadt genommen. Abends war es zu spät für die Hausaufgaben. „Ich wünschte, der Stein könnte fliegen“, tönt es sehnsuchtsvoll aus Toms Mund, während der Kiesel Richtung Rinnstein kullert.

„Das kann er doch, du Dummkopf!“, erschreckt ihn eine Stimme von hinten. Es ist Felix, der Beste aus der Klasse, der Tom im Vorbeigehen anrempelt und sich dann nach dem Stein bückt.
„Pass mal auf, wie der mit meiner Hilfe fliegen kann“, provoziert er, nimmt den Stein und wirft ihn in hohem Bogen über die Schulmauer.
„Der ist nicht geflogen! Du hast ihn weggeworfen! Du hast ihm nicht geholfen!“, brüllt Tom seinem Klassenkameraden hinterher.
„Zu einem guten Flug gehört auch eine weiche Landung“, fügt er noch hinzu. Aber das hat Felix schon nicht mehr gehört.
Am Nachmittag sehen sich die beiden Kinder wieder. Sie sollen mit den anderen ihrer Altersstufe in diesem Jahr zur ersten heiligen Kommunion gehen. Einmal in der Woche haben die Kinder nachmittags Kommunionunterricht bei einer Katechetin. Toms Katechetin ist Felix’ Mutter. Tom freut sich auf den Unterricht. Felix’ Mutter lässt die Kinder erzählen, hört ihnen zu und spricht über Vertrauen zu anderen Menschen, Ver-

trauen zu Gott, über Gemeinschaft mit anderen und über Gemeinschaft mit Gott. Hier wird Tom von den anderen nicht gehänselt, hier müssen sie auch ihm einmal zuhören.
Heute will Felix' Mutter von den Kindern erfahren, was sie sich im Leben zum Ziel gesetzt haben.
Christina will Krankenschwester werden, Dominik Rechtsanwalt, Pascal will den Baubetrieb seines Vaters übernehmen und Tanja möchte Lehrerin werden.
Die anderen Kinder müssen etwas länger überlegen.
Rebekka stellt nach ein paar Minuten fest:
„Ich möchte gut in der Schule sein und meinen Eltern Freude machen."
„Ja, das möchte ich auch", pflichtet ihr Jonas bei, „und immer viele Freunde haben."
„Ich möchte Pilot werden, aber dazu bin ich wohl nicht gut genug in der Schule", streut Tom in die Runde.
„Und was ist mit dir?", fordert Felix' Mutter ihren Sohn auf.
„Ich – ich weiß noch nicht, was ich werden will", hält Felix ihr entgegen.
„Das musst du auch gar nicht", erwidert ihm seine Mutter.
„Es gibt ja auch kleine Vorsätze, die nachher zu einem großen Ziel führen können", erklärt sie allen.
„Dann möchte ich anderen Menschen helfen, wie Jesus das getan hat!", sprudelt es aus Felix heraus.
Empört springt Tom von seinem Stuhl auf.
„Das kannst du gar nicht, du konntest ja heute Morgen nicht einmal den Stein fliegen lassen. Zu einem Flug gehört immer eine weiche Landung!"

„Das stimmt“, wird Tom von seiner Katechetin beruhigt. Und dann lässt sie sich die ganze Geschichte von Tom und Felix erzählen.
Lange haben die Kinder mit Felix’ Mutter über den fliegenden Kiesel gesprochen. Tom hat, zu Hause angekommen, gerade noch Zeit zum Abendbrot. Dann muss er ins Bett, wieder ohne Hausaufgaben.
Am nächsten Morgen läutet es schon an seiner Haustüre, bevor sein Wecker ihn aus dem Schlaf gezogen hat. Erschrocken schießt er aus dem Bett und hastet zur Türe. Als er sie öffnet, blickt er in das entschlossene Gesicht seines Klassenkameraden.
„Felix, du?“, fragt er verdutzt. „Ja“, antwortet dieser, „ich weiß jetzt, wie der Kiesel fliegen kann. Mit deiner Hilfe“, fügt er noch hinzu und tritt ein paar Schritte zurück in den Hausflur.
„Fang!“, fordert er Tom auf und wirft den Stein in dessen Richtung. Tom ist so erstaunt, dass er, ohne weiter nachzudenken, die Hände zu einer Schale formt und sie vor seinen Bauch hält. Im nächsten Moment fühlt er, wie der Kieselstein weich in seinen Händen landet.
„So, und jetzt machen wir noch schnell deine Hausaufgaben, damit du einmal Pilot werden kannst“, bestimmt Felix.
„Ja, mit deiner Hilfe“, erwidert Tom strahlend.

Marianne Vonolfen

Lukas, Harry
und der Stein der Weisen

Als Lukas die Tür zum Jugendheim öffnete, waren die anderen Kinder schon da. Er setzte sich und packte die Mappe, die Stifte und die Bibel aus. Vorsichtig legte er seine Plastiktüte auf den Sitz. „Hoffentlich merkt keiner, dass ich Harry Potter mithabe“, dachte er. „Mama hat gestern Abend voll Theater gemacht, als sie sah, dass Timo mir den ersten Band geliehen hat.“

„Hey, Lukas, hast du gehört“, rief Johannes. „VfL hat verloren.“ Lukas nickte. Im gleichen Augenblick schnappte sich Henning die Tüte und fragte: „Hast du mal einen Stift für mich … ey, was ist das denn?“ Lukas griff wütend nach der Tüte: „Gib her, das ist meine!“ Henning grinste und schwang die Tüte wild über seinem Kopf. „Hol sie dir doch, hol sie dir doch!“ Plötzlich riss das Plastik. Harry Potter flog in hohem Bogen heraus und segelte genau vor die Füße von Frau Kehler.

„Ausgerechnet jetzt muss die hereinkommen!“, stöhnte Lukas und hechtete hinter dem Buch her. Dabei stieß er an den Stuhl und die Bibel, die Stifte, die Mappe – alles landete auf dem Boden, rutschte, schlitterte, kullerte und blieb genau neben Harry Potter liegen. Auweia! Lukas holte tief Luft. Alle waren plötzlich ganz still.

Frau Kehler guckte verdutzt auf das Durcheinander und nahm dann langsam die Bibel hoch. Sie glättete ein paar verknickte Seiten und klappte sie sorgfältig zu. Dann nahm sie auch das Harry-Potter-Buch hoch, schloss es und gab beide Lukas zurück. „So, so", meinte sie, „du liest also auch Harry Potter?"

„Ja", sagte Lukas vorsichtig und dachte: „Ist sie jetzt sauer?" Frau Kehler lächelte. „Gefällt dir, was?" Lukas nickte. „Mama hat aber geschimpft, als sie das Buch gestern sah. Sie hat gesagt, das wäre Quatsch und es gäbe schon genug Jugendliche, die auf so einen Magie-Mist abfahren!"
Frau Kehler schaute in die Runde und fragte: „Wer von euch liest denn noch Harry Potter?" Fast alle zeigten auf. „Na, dann setzt euch, darüber sollten wir vielleicht kurz sprechen."
Als alle gespannt auf ihren Stühlen saßen, fragte sie: „Ist Harry Potter ein gutes Vorbild?" Die meisten schwiegen, einige zuckten mit den Schultern. „Was steht denn hier im ersten Band?" Jana meldete sich

und sagte: „Na, wie Harry merkt, dass er ein Zaubererkind ist und wie er nach Hogwarts kommt.“ „Ja, und wie er endlich weg ist von den blöden Verwandten und Freunde kriegt, Ron und Hermine nämlich“, ergänzte Heiner. „Ja, richtig“, sagte Frau Kehler, „aber da ist doch noch etwas, etwas ganz Spannendes. Ein Geheimnis, das ein riesiger Hund bewacht, nicht?“ Alle nickten und einige riefen: „Ja, der Stein der Weisen!“ „Genau, und was ist mit diesem Stein?“, fragte Frau Kehler.

Jana meldete sich wieder und sagte: „Wer den Stein hat, der kann ewig leben … ich weiß aber nicht, wie das funktioniert, das steht nämlich nicht im Buch.“

Frau Kehler nickte. „Gut, noch eine Frage. Würdet ihr Harry Potter gern als Freund haben, oder Ron und Hermine?“

Alle nickten. „Ja, total gerne!“

„Klar.“

„Das wäre toll!“

„Und warum?“, fragte Frau Kehler nach.

Stefan sagte: „Weil die echt gute Freunde sind. Sie helfen einander und halten zusammen. Auf die kann man sich verlassen.“

„Also – ist Harry mit seinen Freunden ein gutes Vorbild?“ Jetzt nickten alle zustimmend und Frau Kehler nickte auch. „Ja, Harry Potter und seine Freunde zeigen uns etwas ganz Wichtiges. Jeder von uns braucht Freunde. Und Freunde helfen einander und halten zusammen. Und das Geheimnis im ersten Buch, dieser Stein der Weisen, den können wir auch als ein Symbol, als ein Zeichen ansehen. Nehmt doch einmal eure Bibel heraus und schlagt die Psalmen auf. Psalm 118 … Lukas, liest du mal Vers 22 vor, bitte?“

Lukas musste eine Weile blättern, bis er den Psalm gefunden hatte. Dann las er laut vor: „Der Stein, den die Bauleute verwarfen, er ist zum Eckstein geworden.“

„Gut, Lukas, danke! Und ich lese euch jetzt dazu noch eine Stelle aus dem ersten Petrusbrief vor, hört einmal genau hin: Kommt zu ihm, dem lebendigen Stein, der von den Menschen verworfen, aber von Gott auserwählt und geehrt worden ist! Lasst euch als lebendige Steine zu einem geistigen Haus aufbauen …“

Frau Kehler blickte in die Runde und schmunzelte: „Na, wer von euch kann denn wohl erraten, wer mit diesem Stein gemeint ist, den die Menschen verworfen haben, na?“ Alle schwiegen. Stefan guckte verblüfft in die Luft. Jana machte ein ratloses Gesicht. Heiner zog die Mundwinkel nach unten und zuckte mit den Schultern.

Lukas starrte eine ganze Weile auf seine Bibel, dann setzte er sich plötzlich mit einem Ruck aufrecht hin. „Na, klar, Mensch, das ist Jesus. Mit dem Stein ist Jesus gemeint!“

Frau Kehler lachte. „Prima, Lukas, genau richtig. Der Stein, den die Menschen verworfen haben, damit ist Jesus Christus gemeint. Der Messias, den die Menschen nicht als Messias annahmen, sondern den sie ans Kreuz schlugen. Und wir, als Christen, sollen uns als lebendige Steine zu einer guten Gemeinschaft, als Freunde Jesu zusammenfinden – wie die Steine an einem stabilen Haus! Und Jesus ist dann der Eckstein, der Schlussstein, der alles zusammenhält.“

Stefan stützte sein Gesicht in die Hände und schaute Frau Kehler nachdenklich an. „Frau Kehler …“
„Ja, Stefan?“
„Wissen Sie, ich muss gerade daran denken … mein Namenspatron, der heilige Stephanus, also, mein Opa hat mir mal erzählt, dass sie den mit Steinen erschlagen haben, weil er an Jesus geglaubt hat. Das waren auch Steine.“ Frau Kehler nickte und dachte einen Moment nach. „Ja, Stefan, das stimmt. Stephanus wurde gesteinigt. Aber wir glauben, dass er jetzt für immer bei Jesus ist, im ewigen Leben. Da, wo die Freude niemals aufhört. Und deshalb ist Jesus für uns so etwas wie ein Stein der Weisen. Wer an ihn glaubt, der wird ewig leben. Und wenn wir als Freunde und Freundinnen Jesu leben und uns nach ihm ausrichten, dann können wir auch unbesorgt Harry Potter lesen. Und finden darin dann sogar etwas, was uns an Jesus erinnert.“
Nach dem Unterricht packte Lukas die Bibel und das Harry-Potter-Buch in die Tüte. Frau Kehler zog ihre Jacke an. Lukas ging zu ihr herüber und fragte: „Frau Kehler, das mit dem Schlussstein und mit Jesus und dem Stein der Weisen, kann ich das meiner Mutter erzählen? Dann macht sie sich vielleicht keine Sorgen, wenn ich Harry Potter lese.“
„Klar, Lukas, das kannst du gerne tun. Und wenn deine Mutter Fragen hat, dann soll sie mich einfach anrufen. O. K.?“
„O. K.“ Lukas lachte erleichtert. „Danke, Frau Kehler, und tschüss, bis Sonntag!“

Maria Anna Leenen

Die Spur

Die Häuser der beiden Familien Meermann und Mellien standen, nur von zwei schmalen Gärten getrennt, nebeneinander an der Straßenecke. Man musste um diese Ecke gehen, wollte man von der Meermannschen Haustür zur Mellienschen gehen und umgekehrt – aber leider benutzte keiner von beiden Familien diesen Weg. Herr und Frau Mellien wollten von Meermanns nichts mehr wissen und Meermanns kümmerten sich nicht mehr um Melliens. Vor drei oder vier Jahren waren sie wegen eines gemeinsamen Gartenzauns, der die beiden Grundstücke trennte, in Streit geraten. Seitdem gingen sie einander geflissentlich aus dem Weg. Damals war Meermanns einzige Tochter Bärbel fünf Jahre alt gewesen. Man hatte ihr verboten mit Melliens zu sprechen oder sie auch nur zu grüßen! Inzwischen war sie acht geworden und begann sich ihre eigenen Gedanken zu machen.

Manchmal, wenn sie im Garten spielte, sah sie Frau Mellien im Nachbargarten im Liegestuhl ruhen oder Blumen gießen oder an der Wäschespinne Wäsche aufhängen. Dann versteckte sich Bärbel hinter Stachelbeerbüschen und beobachtete die feindliche Nachbarin. Nach allem, was die Eltern über sie redeten, hätte Frau Mellien wie eine widerliche Hexe aussehen müssen – aber sie sah im Gegenteil jung und hübsch aus, kein bisschen wie eine Hexe. Und sie sang gern leise bei der Arbeit vor sich hin. Auch ihr Mann glich in keiner Weise dem Ungeheuer, als das Bärbels Eltern ihn darstellten. Er züchtete wundervolle Erdbeeren und Rosen und scherzte gern mit seiner Frau, wobei beide

herzlich lachen konnten. Bärbel wusste nicht, weshalb sie diese Leute eigentlich verabscheuen sollte.
Einmal im Herbst warf Frau Mellien ihr über den Zaun einen reifen Apfel zu. Er leuchtete gelb und rot. Gerade wollte Bärbel ihn vom Gras aufheben, als sie die empörte Stimme ihres Vaters hörte: „Wehe, du rührst ihn an! Von denen brauchst du dir nichts schenken zu lassen!“
Aus lauter Furcht ließ Bärbel den Apfel liegen, versuchte nur heimlich ganz wenig Frau Mellin zu winken.
Im nächsten Sommer machte Bärbel eine aufregende Entdeckung: Eines Tages sah sie im Nachbargarten einen Kinderwagen stehen, aus dem zuerst vergnügtes Lallen und schließlich ungeduldiges Schreien kam. Neugierig blieb Bärbel ganz dicht am Zaun stehen. Wenig später kam Frau Mellien mit einer Milchflasche aus dem Haus, hob ein winziges, zappelndes Bündel aus dem Wagen und setzte sich damit auf die Garten-

bank. Bärbel hörte wie Frau Mellien beruhigend auf den kleinen Schreihals einredete: „Ruhig, Michi, ruhig! Die Mama gibt dir ja schon die Flasche …“ Melliens hatten jetzt also einen kleinen Sohn und er hieß Michi oder Michael. Tagelang musste Bärbel über diese Neuigkeit nachdenken. In einem Jahr schon konnte Michi groß genug sein, um mit Bärbel zu spielen – sie würde mit ihm im Gras umherkrabbeln, ihn mit Erdbeeren füttern und auf den Knien reiten lassen. Die schönsten Spiele wollte sie sich für diesen drolligen kleinen Michi ausdenken! Doch da fiel ihr wieder die Feindschaft zwischen den Eltern hüben und drüben ein. Frau Mellien würde es ihr womöglich gar nicht erlauben mit Michi zu spielen, und vielleicht erzählte sie ihm eines Tages die scheußlichsten Dinge über Meermanns, etwa, dass Frau Meermann eine Hexe wäre und Herr Meermann ein Ungeheuer und Bärbel ein Drachenkind? Solche Gedanken stimmten Bärbel jedes Mal traurig. Fast jeden Tag stand sie am Gartenzaun und starrte sehnsüchtig zu Michis Kinderwagen hinüber. Eines Tages war ihr selbst diese Freude nicht mehr vergönnt, denn es kam der Winter und mit ihm ein rauer Wind. Michi musste im Haus bleiben und Bärbel hörte ihn nur noch selten hinter den Fenstern seines Zimmerchens schreien. Auch sie konnte jetzt nicht mehr im Garten spielen. Stundenlang hockte sie in ihrem Zimmer, das zur anderen Straßenseite hinaus lag und bastelte an Weihnachtsgeschenken für ihre Eltern. Der kleine Michi Mellien, mit dem sie so gern gespielt hätte, ging ihr nicht aus dem Kopf. Sie überlegte und überlegte, wie sie es anstellen könnte sich

wenigstens mit ihm ein wenig anzufreunden, wenn schon zwischen ihren und seinen Eltern kein Frieden zu schließen war.
Und eines Tages kam ihr der richtige Einfall, hoffte sie. Von da an tat sie mit ihren Weihnachtsarbeiten noch heimlicher als vorher. Bis Mitte Dezember waren ihre fieberhaften Vorbereitungen so weit gediehen, dass sie endlich handeln konnte. An diesem Abend – es war ein Samstag – sagte sie den Eltern frühzeitig gute Nacht und verschwand in ihrem Zimmer. Kaum war sie allein, holte sie ein himmelblaues Strickzeug aus dem Versteck unter ihrem Kopfkissen und ließ die Nadeln emsig klappern. Sie vollendete ihr Geschenk für Michi, zwei winzig kleine Fausthandschuhe, die sie ihm noch in der gleichen Nacht auf irgendeine Weise bringen wollte. Niemand, so meinte sie, konnte dann noch an ihrem guten Willen zweifeln Michis beste Freundin zu werden. Es wurde fast Mitternacht, bis sie den zweiten Handschuh fertig hatte. Ein Weilchen betrachtete sie ihr Werk und malte sich aus, wie die hellblauen Fäustlinge an Michis kleinen Händen sitzen mochten – falls man sie ihm überhaupt jemals anzog! Sie musste es auf diesen Versuch ankommen lassen.
Liebevoll füllte sie die Handschuhe mit kleinen bunten Bauklötzen, die sie noch in ihrer Spielzeugtruhe gefunden hatte und wickelte sie danach in goldflimmerndes Weihnachtspapier, um das sie eine rote Schleife band. Danach löschte Bärbel das Licht und öffnete leise das Fenster. Eisige Kälte schlug ihr entgegen. Diese Nacht war sonderbar hell und verwundert bemerkte Bärbel, dass es zum ersten Mal in diesem Win-

ter geschneit hatte. Es war allerdings nur eine dünne Schicht gefallen und nur wenige Flocken schwebten noch vom Himmel, schmolzen auf Bärbels Haar.
Wie ein Dieb war sie aus dem Fenster gestiegen und schlich sich um die Ecke zum Nachbarhaus bis unter das Fenster neben der Haustür.
Als der Morgen dämmerte, begann der kleine Michi nach seiner Flasche zu schreien. Minuten später entdeckte Frau Mellien das Geschenk auf seinem Fenstersims und kurz darauf die Spur von Bärbels Füßen im frisch gefallenen, noch unberührten Schnee. Kurz nach Bärbels Ausflug musste es aufgehört haben zu schneien. Als Frau Mellien die himmelblauen Handschuhe aus dem Papier wickelte, begriff sie sofort, was es damit auf sich hatte. Ihr Mann, der inzwischen ebenfalls aufgestanden war, blickte besorgt auf die Straße.
„Die Spur", sagte er, „wenn Herr Meermann das bemerkt … ach was, ich werde die Spur wegfegen, damit die liebe Bärbel keine Scherereien mit ihren Eltern bekommt!"
Um die gleiche Zeit etwa standen im Nachbarhaus Herr und Frau Meermann an ihrem Eckfenster und betrachteten verwundert die Spur im Schnee, die von Bärbels Fenster zu Michis Fenster führte. Da Frau Meermann längst das himmelblaue Strickzeug unter Bärbels Kopfkissen gefunden hatte, begriff sie schlagartig, was ihre Tochter damit vorgehabt hatte. Sie erzählte es ihrem Mann. Er wurde sonderbar nachdenklich. „Eigentlich sollte man Bärbel bestrafen", brummte er und kratzte sich ratlos am Kopf. Unsicher blickte er seine Frau an und fuhr fort: „Oder … oder ich fege die Spur

rasch weg, ehe es ganz hell wird, damit es mit Melliens keine neuen Scherereien gibt. Es würde Bärbel sicher wehtun, wenn sie ihr Geschenk für das Baby zurückgeschickt bekäme. Oder was meinst du?“
Seine Frau nickte dankbar.
Fast gleichzeitig begannen an diesem Adventssonntag Herr Mellien und Herr Meermann den Schnee – und damit Bärbels Spuren – von der Straße zu kehren. Noch befand sich jeder jenseits der Straßenecke. Doch beide waren von dem gleichen Wunsch erfüllt: dass Bärbels Zuneigung zu Michi nicht zerstört werden sollte. So ganz in Gedanken trafen beide Nachbarn unvermittelt an der Ecke zusammen. Jeder ließ erschrocken den Besen fallen. Sekundenlang starrten sie sich sprachlos an. Plötzlich zuckte es um Herrn Melliens Mundwinkel, gleich darauf auch um Herrn Meermanns. Befreit brachen beide Männer in so schallendes Gelächter aus, dass Bärbel aus ihrem Schlaf auffuhr, aus dem Bett sprang und zum Fenster hinausstarrte. Träumte sie noch? Seitwärts an der Ecke sah sie zwei Besen im Schnee liegen. Davor standen ihr Vater und Michis Vater und schüttelten einander lachend die Hände, als sähen sich zwei alte Freunde nach langer Trennung zum ersten Mal wieder.

Eva Rechlin

Abenteuer Kommunion

Die Fingernägel

Gestern, am Samstag, hatte es geregnet. Heute, am Weißen Sonntag, wechselten sich Sonne und Wolken ab. Aber es war schon so warm, dass Mira ohne Jacke, bloß mit T-Shirt, hatte in die Kirche gehen dürfen.
Auf dem T-Shirt trug sie einen M-Anstecker aus Strasssteinen. Dagegen hatten Mama und Papa nichts gesagt, aber gegen ihre pinken Nägel.
„Ein achtjähriges Mädchen braucht sich nicht die Fingernägel zu färben und dann noch pink!" Sandra hatte sich nur schwer beruhigt. „Wo hast du den Nagellack überhaupt her?"
„Von Silke!"
„Die hat wohl alles?!"
Das stimmte. Silke war irgendwie ein Glückskind, fand Mira. In der Messe durfte sie die Fürbitte vortragen für die Jungen und Mädchen, die nächstes Jahr zur Kommunion kamen. Das hätte Mira gerne getan, wegen Bert.
Silke schob ihre langen, blonden Haare zurück, blickte selbstbewusst in die Gemeinde und las ohne Stottern: „Dass auch wir, die wir nächstes Jahr zur Kommunion gehen, uns auf das Zusammensein mit Jesus gründlich vorbereiten!"
Danach schritt sie ruhig zurück in ihre Bank. Die wird bestimmt Filmdiva, dachte Mira.
Pastor Kroll erklärte in seiner Predigt die Brücke auf der Wand mit den Kommunionkinderfotos. „Sie bedeu-

tet“, sagte er, „wenn wir auf Jesus zugehen, bauen wir Brücken. Wenn wir zu anderen Menschen Brücken bauen, bauen wir ebenfalls Brücken zu ihm. Das Brot, das er uns gibt, zeigt, dass er bei uns ist. Es ist unsere Brücke zur Hoffnung.“

Pastor Kroll predigte so freundlich, dass Mira sich plötzlich fragte, wieso sie ihn sonst für zu streng hielt und ihn nicht mochte. Wenn Gott verlangte, Brücken zu bauen, dann musste sie auch eine zu Pastor Kroll herstellen!

Von Anfang an hatte man die Anspannung bemerkt, unter der die Leute in der Kirche standen. Manche räusperten sich nervös, andere rannten aufgeregt mit Kameras umher.

Am ruhigsten waren die Kommunionkinder, fand Mira. Bert sah in seinem dunkelblauen Anzug und mit seinen frischen, blonden Strähnchen sehr schick aus. Der aufregendste Moment war gewesen, als sie zur Kommunion gegangen waren. Paarweise, links ein Mädchen, rechts ein Junge.

Eltern, Paten, Verwandte, Freunde – jeder hatte gebannt zugeschaut. Doch alles hatte bestens funktioniert. Nun begleitete noch einmal die Orgel das Schlusslied „Ein Haus voll Glorie schauet“, während Pastor Kroll mit den Kommunionkindern auszog.

„Na, freust du dich schon auf die Kommunion nächstes Jahr?“, fragte Herbert beim Rausgehen. Mira zuckte mit den Schultern. Sie wusste ja noch gar nicht richtig, was das war: Kommunion.

Sandra hatte andere Sorgen: „Bert bekommt jetzt eine Menge Geschenke, ich hoffe, du hältst das aus?“ Mira

fand die Frage überflüssig. Die Feier fand im Lokal „Bergs“ in der Justusstraße statt. Mira hatte Bert ein Bild gemalt, eine altmodische Dampflok, wie er sie gerne mochte. Dazu hatte sie ihm eine CD von den „Backstreet Boys“ gekauft. Als sie Bert die Geschenke überreichte, hatte sie den Eindruck, dass er sich kaum freute.
Von allen Seiten kamen Leute mit dicken Paketen. Die Kellnerinnen hatten zwei Tische zusammengeschoben, darauf legte er sie ab. Es wurde ein riesiger Haufen. Mira saß zwischen ihren Eltern. Sie gönnte Bert die Geschenke und trotzdem wurde sie, ganz gegen ihren Willen, neidisch. Sie vergaß völlig, was ihre Mutter ihr gesagt hatte.
Tante Elvira kam vorbei. Sie war nicht ihre Tante, sie war die Schwester von Berts Vater. Aber sie nannte sie so. „Wenn du willst, kannst du nachher Dickie um den Block führen!“, meinte sie.
„Das ist nett von Tante Elvira. Sie weiß, dass du Tiere magst“, sagte ihre Mutter.
„Das tut sie nur, damit sie hier sitzen bleiben kann“, erwiderte Mira.
Nach dem Mittagessen packte Bert Geschenke aus, darunter einen Fotoapparat. Mit dem machte er Bilder.
„Uns beachtet er überhaupt nicht“, sagte Mira.

„Heute wollen viele Leute mit ihm reden, die ihn schon lange nicht mehr gesehen haben, Verwandte von weiter weg“, meinte Herbert.
Beim Kaffeetrinken tauchte Pastor Kroll auf. Er brachte einen jungen, schwarzhaarigen Mann mit, Markus Vollweide. Er sollte demnächst in der Gemeinde Vikar werden. Pastor Kroll gab jedem die Hand.
Als er zu Mira an den Tisch kam, sagte er verärgert: „Lackierte Fingernägel? Demnächst wohl noch Lidschatten und Lippenstift, wie?“ Er sprach so laut, dass sich einige Leute umdrehten.
Mira wurde rot. Kaum war Pastor Kroll weg, lief sie zum Klo und weinte. Von wegen freundlich! Das war Pastor Kroll kein bisschen! Und dann Bert! Um jeden kümmerte er sich, nur nicht um sie!
Mira wischte sich die Tränen weg, dann lief sie durch die Küche in den Hof. Dort war Dickie, Tante Elviras kleiner, zu dicker Terrier angebunden. Er sprang hoch, als er sie sah.
„Komm! Uns vermisst hier keiner!“, sagte Mira. Sie ging zur Dortmunder Allee und dort stadtauswärts, Richtung Freizeitbad. Zunächst verhielt sich Dickie folgsam, aber irgendwann wurde er störrisch. Mira zog ihn weiter. Sie wollte noch nicht zurück. Als sie die Leine einen Moment nicht richtig festhielt, befreite sich Dickie und rannte schnurstracks auf die Dortmunder Allee. Reifen quietschten, die Autofahrer hupten.
Dickie kam mit heiler Haut davon und raste weiter. Mira wollte ihn einfangen, doch er verschwand in einer Seitenstraße. So sehr sie ihn auch suchte, sie fand ihn nicht. Was wird Tante Elvira sagen?, dachte sie ver-

zweifelt. Das Einzige, was ihr einfiel, war ihr Baum. In der Hollentorstraße gab es ein unbewohntes Haus. Im Garten hinter dem Haus stand ein alter Pflaumenbaum. In den hockte sich Mira, wenn sie nachdenken wollte. Als sie dort ankam, saß in der Krone schon jemand, und zwar Sergej. Er war vor einer Woche mit seinen Eltern in die Hollentorstraße gezogen.

„Das ist mein Baum!“, sagte Mira.

„Steht das dran?“, fragte er.

„Ich brauche den Baum zum Nachdenken!“

„Ich auch! Wir können doch zu zweit nachdenken!“

Mira zögerte, dann kletterte sie hoch. Als sie in den Zweigen hockte, kam ihr plötzlich alles über die Lippen.

„Heute steht Bert im Mittelpunkt. Das musst du ihm lassen, gerade weil du seine Freundin bist“, sagte Sergej.

„Was ist mit Dickie?“

„Der taucht wieder auf. Wer einen Ausflug auf die Dortmunder Allee überlebt, was soll dem noch passieren? Du gehst jetzt am besten zurück. Ich bin sicher, dass kein Mensch etwas bemerkt hat.“

„Sind eigentlich in Russland alle Leute so klug?“, fragte Mira.

„Ja“, grinste Sergej, „bis auf die, die dumm sind.“

Mira lachte. Das Gespräch mit Sergej hatte ihr gut getan. Sie ging erleichtert zurück. Dickie war tatsächlich wieder da. Als sie am Tisch saß, kam Bert.

„Endlich habe ich Zeit“, sagte er. „Dein Bild ist toll, eine B 1. Ich hänge es morgen sofort auf. Ach so“, meinte er, „ich wollte dich, falls du Lust hast, dem-

nächst zum Eis einladen! Ich habe heute nämlich ganz schön kassiert."
„Geld ist nicht das Wichtigste!", meinte ein älterer Herr.
„Weiß ich. Aber was soll ich tun, wenn es mir die Leute geradezu aufdrängen?", erwiderte Bert und lachte.

ten Haaf

Ausgerechnet Robert

Endlich war es soweit. Ich war ein „Koki“. Wie hatte ich meinen großen Bruder Jens vor zwei Jahren darum beneidet. Woche für Woche traf er sich mit seinen besten Freunden hier bei uns zum gemeinsamen Spielen, Lesen, Arbeiten. Für Mama schien es in dieser Zeit nichts Wichtigeres zu geben als diese Stunden. Sogar ich musste so tun, als sei ich unsichtbar.
Ich hatte das Gefühl, es wurde in unserer Familie über nichts anderes mehr gesprochen als über Jens’ Koki-Zeit.
Übrigens, für alle, die nicht wissen, was ein Koki ist, hier die Erklärung: Koki bedeutet Kommunionkind und dazu gehörte nun ich, nun begann mein wichtiges Jahr.
Beim Frühstück nach dem ersten Elternabend wartete ich gespannt, dass Mama die Jungs aufzählte, die zu unserer Gruppe gehörten. Freudig erregt hörte ich ihr zu, obwohl mir die Namen bekannt waren, da wir Freunde uns schon lange vorher verabredet hatten.
So brauchte ich auch einen Moment, bis der Name Robert in mein Bewusstsein durchdrang.
„Wer?“, schrie ich quer über den Tisch. „Robert?“
„Aber den wollen wir nicht. Der gehört nicht zu uns. Der kann doch keine zwei Worte reden, ohne zu stottern.“
„Weißt du“, erwiderte meine Mutter „niemand wollte ihn haben, er ist einfach übrig geblieben. Mir hat er Leid getan, so gehört er nun zu unserer Gruppe und so bleibt

es. Und du frühstücke bitte fertig, es wird Zeit für die Schule."
Die Haferflocken schmeckten plötzlich wie Stroh und Hunger hatte ich sowieso nicht mehr. Ich stand auf und ging.
„Versaut, das ganze Jahr versaut", brummelte ich vor mir her, als ich durch den Nieselregen zur Schule stapfte. Das richtige Wetter für meine trübe Stimmung.
In der Pause steckte die ganze Clique die Köpfe zusammen. In Gedanken hörten wir schon das spöttische Gelächter der anderen, wenn sie erfahren würden, wer in unserer Gruppe sei. Irgendetwas würde uns schon einfallen, Robert loszuwerden. Doch außer Schimpfen und wütenden Blicken auf ihn fiel uns nichts Gescheites ein. Auch alle Versuche bei Mama, ihn doch nicht bei uns aufzunehmen, scheiterten.
So wartete ich also vor unserer ersten Gruppenstunde auf das Eintreffen der Kinder. Ach, wie hatte ich mich vor zwei Wochen noch darauf gefreut.

Um Punkt zehn vor drei klingelte Robert, superpünktlich, und man kann sich wohl lebhaft vorstellen, wie lange er brauchte, um Mama „Guten Tag“ zu sagen. Ich musste mich schon mit ihm ins Wohnzimmer setzen. Schweigend starrte jeder in eine andere Richtung. Wenn doch bloß die anderen bald kämen.

Die Stunde wurde peinlich, wie erwartet. Allein die Vorstellungsrunde dauerte ewig und einer kicherte ständig, wenn Robert sprach. Irgendwie stotterte er heute noch mehr als sonst.

Einmal musste ich sogar laut lachen. Mamas Miene blieb undurchschaubar.

Auch die nächsten Stunden verliefen ähnlich. Wir ignorierten Robert, so gut es ging, sollte er doch ruhig merken, dass er nicht zu uns gehörte und uns den Spaß an den Koki-Stunden verdorben hatte.

Ich weiß nicht mehr genau, wer auf die Idee kam, wer den genialen Einfall hatte, wie wir ihn endgültig loswerden konnten. Auf jeden Fall heckten wir eines Nachmittags einen Plan aus. Beim nächsten Treffen wollten wir beim Lesen der religiösen Geschichte alle stottern. Das musste natürlich geübt werden. Oh man, was haben wir dabei gelacht.

Auf diese Stunde freuten wir uns riesig und alle saßen wir Punkt 15.00 Uhr erwartungsvoll am Wohnzimmertisch.

Nur Robert kam nicht. Mutters Miene war wieder undurchschaubar, als sie sich zu uns setzte.

„Robert wird heute nicht kommen“, sagte sie. „Er wird gar nicht mehr kommen. Frau Walter, die Gemeindereferentin, wird ihn auf die Kommunion vorbereiten und nun lasst uns anfangen."

Mutter las uns die Geschichte vom barmherzigen Samariter vor. Darin hörten wir von einem Gesetzeslehrer, der von Jesus wissen wollte, wer sein Nächster sei. Daraufhin erzählte Jesus ihm von einem Mann, der auf dem Weg von Jerusalem nach Jericho von Räubern überfallen wurde. Sie plünderten ihn aus, schlugen ihn nieder und ließen ihn halbtot liegen. Doch weder ein Priester noch ein Levit, die zufällig vorbeigingen, halfen ihm. Dann kam ein Mann aus Samarien und hatte Mitleid mit dem Mann. Er verband seine Wunden und besorgte ihm eine Herberge.

Anschließend spielten wir die Geschichte nach.

Meine Rolle war die des Samariters, ich hatte sie mir selbst ausgesucht. Natürlich würde ich sehen, wenn ein Mensch Hilfe braucht, und ihn nicht im Stich lassen, das war doch sonnenklar.

Doch je mehr ich mich in die Handlung hineinversetzte, desto mehr hegte ich den Verdacht, dass Mutter diese Geschichte extra heute für uns ausgesucht hatte. Dass sie uns etwas damit sagen wollte.

Kein Wort des Vorwurfs, keine Moralpredigt.

Eigentlich hätten wir uns freuen können, hatten wir doch erreicht, was wir wollten. Aber da war so ein komisches Gefühl in mir und ein Kloß saß in meinem Hals, der sich kaum herunterschlucken ließ. Die ganze Woche ließ mich der Inhalt der Geschichte nicht los. Der Samariter hatte dem Mann, der am Wegrand lag, geholfen. Er hatte seine Not erkannt. Alleine hatte der Mann sich nicht helfen können. Zu dem Gesetzeslehrer

sagte Jesus: „Liebe deinen Nächsten wie dich selbst. Geh und handle genauso.“
Im Laufe des Kommunionunterrichtes hatte ich schon einige Geschichten von Jesus gehört und wusste, dass dies Beispiele sind, die bis heute ihre Gültigkeit behalten haben. Auch heute sind Menschen in Not und manchmal ist es so einfach zu helfen. Oder aber auch, die Not zu vergrößern.
Immer mehr begriff ich, dass Mutter mich mit dieser Geschichte mehr zum Nachdenken gebracht hatte, als tausend Vorwürfe es je erreicht hätten.
Warum musste sie auch ausgerechnet Robert in unsere Gruppe aufnehmen! Nun hatte ich ein Problem, was sollte ich tun?
Während der nächsten Tage in der Schule musste ich oft, ob ich wollte oder nicht, zu Robert hinschauen. Aber nie erwischte ich auch nur einen Blick von ihm. Ich stellte mir vor, wie er zur Kommunionvorbereitung zu Frau Walter ging. Sie war ja ganz nett, aber alleine …
Mein schlechtes Gewissen quälte mich immer mehr, dann hielt ich es nicht mehr aus.
Nachmittags trafen wir uns alle an der Skateranlage. Nach einigen Runden auf der neuen Bahn nahm ich all meinen Mut zusammen und wollte meinen Freunden endlich erzählen, welchen Entschluss ich gefasst hatte. Eigentlich war ich gar nicht sehr erstaunt darüber, dass ich bei ihnen auf offene Ohren stieß. Natürlich wollten sie mitmachen, erklärten sie. Wir sind eben ein verdammt gutes Team. So machten wir uns denn mit unseren Inlinern über der Schulter auf den Weg. Es war

ein ziemlich ruhiger Marsch, jeder machte sich so seine eigenen Gedanken.
Klingeln sollte ich, immerhin sei es auch meine Idee gewesen.
Roberts Mutter öffnete und sah uns erstaunt an. Wahrscheinlich hatten noch nicht oft sechs Jungs auf einmal bei ihnen vor der Tür gestanden.
„Robert ist in seinem Zimmer“, sagte sie. „Im ersten Stock, die Tür mit dem Fußballposter, geht einfach hoch.“
Der nächste Tag war ein Donnerstag und Koki-Treffen. Punkt zehn vor drei klingelte Robert, superpünktlich. Ich machte ihm auf. Gemeinsam gingen wir ins Wohnzimmer, ich setzte mich neben ihn. Die andern ließen auch nicht lange auf sich warten. Als Mutter sich zu uns an den Tisch setzte, lächelte sie.

Jutta Butter

Widersprüche

So vieles war es, was Mira in den letzten Tagen vor der Kommunion erlebte und ihr durch den Kopf ging, dass sie sich oft verwirrt fühlte. Manches schien sich zu widersprechen.

Da war zum einen der Brief, dass Tante Margit aus Südafrika kam, extra wegen ihr; da waren das Kleid, die Schuhe, der Haarkranz, der, wenn es nach Mama ging, aus frischem Buchsbaum bestehen sollte – alles schien sich nur um sie zu drehen; da war das Gefühl, dass es schön war, im Mittelpunkt zu stehen.

Es gefiel ihr, dass Sandra und Herbert so viele Dinge besprachen, die mit ihr und ihrer Kommunion zu tun hatten, zum Beispiel, was es bei „Bergs" zu essen geben sollte – Mira hatte sich als Vorspeise Spaghetti Vongole bestellt – oder ob man im Restaurant ein oder zwei Tische für die Geschenke aufstellen sollte. Genauso schön fand sie das Üben in der Kirche, den Einzug, wer wann zum Empfang der Kommunion aus der Reihe trat, den Auszug.

Gleichzeitig ging ihr anderes durch den Kopf. Die letzten Gruppenstunden mit Huberts Mutter. Dabei hatten sie Hausinschriften betrachtet, Kriegskreuze, eine alte Kapelle – Glaubensspuren früherer Generationen, oder sie hatten sich mit so genannten Selbstverständlichkeiten beschäftigt, dem täglichen Zusammensein mit der Familie, den Freunden, das, wenn man es genau betrachtete, gar nicht so selbstverständlich war.

Mit Vikar Vollweide hatten sie noch einmal das Leben Jesu studiert, dass er jeden an seinen Tisch nahm, der an ihn glaubte, seine Aufforderung zur Nächstenliebe, an der es nichts zu deuteln gab. Sie hatten den Sinn der Wandlung wiederholt, die Anwesenheit von Christus in den Gestalten von Brot und Wein.
Vikar Vollweide hatte sie gebeten, dazu etwas mitzubringen, das sie besonders mochten, zum Beispiel ein Kuscheltier. Hubert hatte einen ganz verwaschenen Hasen mitgebracht.
Gerhard hatte schon vor einiger Zeit gesagt, dass man, auch wenn der Priester spreche: „Das ist mein Fleisch – das ist mein Blut!", nur Wein und Brot sehe. Daran hatte der Vikar erinnert und dann erklärt: „Gerhard hat Recht, aber könnt ihr zum Beispiel den Wert, den der Hase für Hubert hat, sehen?"
„Nee, beim besten Willen nicht!", hatte Tom gerufen und alle hatten gelacht.
Auch der Vikar hatte geschmunzelt. Dann war er wieder ernst geworden und hatte ihnen den Satz ins Gedächtnis gerufen, dass man vieles nicht mit den Augen, sondern nur mit dem Herzen sehen könne. So auch die Anwesenheit Jesu.
„Die Kirche ist unser Zentrum", hatte er weiter ausgeführt, „aber Kirche ist vor allem die Feier der Eucharistie, und das ist eine gemeinschaftliche Feier. Wir gehen zur Kommunion heißt, wir gehen zu Jesus an den Tisch, in seine Gemeinschaft."
Ach – es war so viel, was Mira zu behalten und zu bedenken hatte. Deswegen war sie heilfroh, dass am Tag vor der Kommunion alle Kommunionkinder von eini-

gen Eltern zu einem Spielnachmittag eingeladen waren. Er sollte draußen im Park bei der St.-Nikolaus-Kirche stattfinden, aber da es regnete, gingen sie ins Pfarrheim. Sie machten Sackhüpfen, Ein- und Auswickeln mit Klopapier, übten kleine Sketche und aßen von dem mitgebrachten Kuchen.

„Bei uns herrscht das reine Chaos!“, grinste Tom. „Wer macht die Tischkarten, wer soll wo sitzen, findet Onkel Hans auch den Weg bis zur Kirche? Und so weiter und so weiter!“

„Ich freu mich auf die Geschenke“, sagte Hubert, „ich habe mir Geld gewünscht. Das meiste tue ich auf die Bank, aber –“

„Aber einiges trägst du auch zur Frittenbude!“, grinste Steffie, worauf viele lachten.

„Wie sieht denn dein Kleid aus?“, wollte Silke wissen. Mira beschrieb es voller Stolz.

„Zu mir kommt morgen früh übrigens Frau Damann!“, sagte Silke.

„Die Friseuse?“, fragten Lena und Steffie. Silke nickte. Mira ärgerte sich über Silke, bei ihr musste einfach immer alles besser sein. Aber sie schwieg.

Abends im Bett konnte sie nur schwer schlafen. Sie ging den Ablauf der Messe noch einmal durch. Immer wieder drängten sich die Bemerkungen in den Vordergrund, die die anderen am Spielnachmittag gemacht hatten.

Geschenke, Aussehen, Friseuse – war das nicht alles falsch und oberflächlich? Wenn sie daran dachte, fiel es ihr fast schwer, sich auf die Kommunion zu freuen. Aber dann kam ihr in den Sinn, dass sie selbst auch an

diese Oberflächlichkeiten gedacht hatte, und als Zweites, dass die anderen vermutlich genauso wie sie verwirrt und in Widersprüche verwickelt waren.
Waren aber das Kleid, das Äußere und die Messfeier, ihr Sinn Widersprüche? Nein, überlegte Mira nach einer Weile, wenn alles an seinem rechten Platz war, nicht.
Dieser Gedanke beruhigte sie, sodass sie, als Sandra kam, um noch einmal nach ihr zu sehen, auf die Frage: „Na, freust du dich?" ganz ehrlich antworten konnte: „Ja, ich bin nur ein bisschen aufgeregt!"
„Das gehört dazu", sagte Sandra, gab ihr einen Kuss, betete mit ihr und überließ sie dann ihren Träumen.

ten Haaf

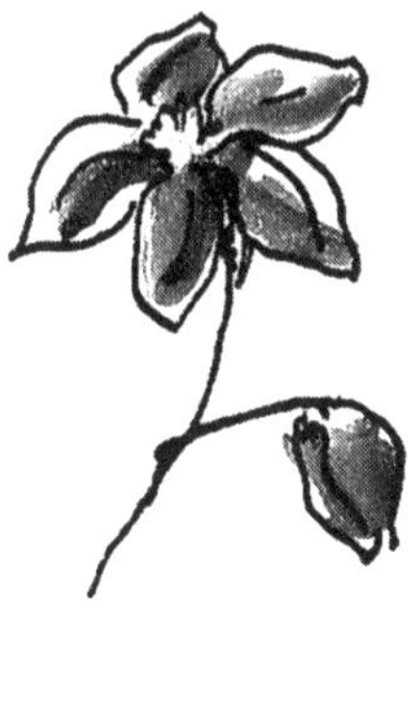

Quellenverzeichnis

S. 12: aus: *Eva Rechlin:* Gemeinsam unterwegs mit dir. Geschichten zur Erstkommunion. Verlag Butzon & Bercker, Kevelaer 2001, S. 62–77.

S. 28: Rechte bei der Autorin.

S. 34: aus: *Norbert Hoffmann:* Der kleine Esel August und andere Geschichten zur Advents- und Weihnachtszeit. Verlag Butzon & Bercker, Kevelaer 1994, S. 71 ff.

S. 42: aus: *Maria Anna Leenen:* Lukas und Lisa finden neue Freunde. Heiligen-Geschichten zur Erstkommunion. Verlag Butzon & Bercker, Kevelaer 2002, S. 28–33.

S. 48: aus: *ten Haaf:* Am Sonntag hab ich Zeit für dich. Mit 52 Geschichten durch das Jahr. Verlag Butzon & Bercker, Kevelaer 2003, S. 49–53.

S. 53: Rechte bei der Autorin.

S. 60: Rechte bei der Autorin.

S. 65: aus: *Maria Anna Leenen:* Lukas und Lisa finden neue Freunde. Heiligen-Geschichten zur Erstkommunion. Verlag Butzon & Bercker, Kevelaer 2002, S. 17–21.

S. 70: aus: *Eva Rechlin:* Gemeinsam unterwegs mit dir. Geschichten zur Erstkommunion. Verlag Butzon & Bercker, Kevelaer 2001, S. 62–77.

S. 78: aus: *ten Haaf:* Am Sonntag hab ich Zeit für dich. Mit 52 Geschichten durch das Jahr. Verlag Butzon & Bercker, Kevelaer 2003, S. 25–29.

S. 84: Rechte bei der Autorin.

S. 90: aus: *ten Haaf:* Am Sonntag hab ich Zeit für dich. Mit 52 Geschichten durch das Jahr. Verlag Butzon & Bercker, Kevelaer 2003, S. 198–201.